Les feuilles de Zo d'Axa

AVEC LES DESSINS DE STEINLEN
WILLETTE, LÉANDRE, COUTURIER
HERMANN PAUL, ANQUETIN, LUCE

SOCIÉTÉ LIBRE D'ÉDITION DES GENS DE LETTRES

Les feuilles de Zo d'Axa

Du même auteur, à la même librairie, deux volumes :

Endehors
De Mazas à Jérusalem

Zo d'Axa

les feuilles

**DESSINS DE STEINLEN, WILLETTE,
LÉANDRE, HERMANN-PAUL, COUTURIER,
ANQUETIN, LUCE**

LE VOLUME : 5 FRANCS

PARIS
SOCIÉTÉ LIBRE D'ÉDITION DES GENS DE LETTRES
30, RUE LAFFITTE
1900

A TOUTE OCCASION

Quand on va sa route, seul, on prend à toute occasion le plaisir de dire le mot que les gens du quartier n'osent pas. Fini le souci d'édifier des voisins et la concierge. Plus de morale! Plus de trafic! Assez d'attrape-clientèle...

A l'argument de la masse, aux catéchismes des foules, à toutes les raisons-d'état de la collectivité, voici que s'opposent les raisons personnelles de l'Individu.

Quelles raisons?

Chacun les siennes. L'isolé se gardera de prêcher une règle commune. Le réfractaire ne fait pas la place pour une doctrine. Pense toi-même! Quel est ton cas? Ton âge? Ton désir? Ta force? As-tu besoin des béquilles que t'offrent les religions? Si oui, retourne à ton église, désormais, par ton choix, valable. Préfères-tu, toujours disciple, le rêve des sociologues? C'est bon, tu nous conteras les projets pour l'an deux mille. Ou bien te sens-tu d'aplomb? veux-tu donc vivre? es-tu prêt? Alors n'attends plus personne, marche à la haine, à les joies — aux joies des franchises totales, des risques et de la fierté.

On marche, on agit, on vise, parce qu'un instinct combatif, à la sieste nostalgique vous fait préférer la chasse. Sur la lisière du code, on braconne le gros gibier : des officiers et des juges, des daims ou des carnassiers; on débusque aux forêts de Bondy le troupeau des politiciens; on se plaît à prendre au collet le financier ravageur; on relance à tous les carrefours la gent de lettres domestiquée, plumes et poils, souilleurs d'idées, terreurs de presse et de police.

Lors des querelles entre les sectes, les races ou les partis, chaque jour, au hasard des faits, des coups à porter se précisent : Demandez l'affaire Dreyfus! ou la manière de traiter la Magistrature et l'Armée comme elles le méritent... Fêtons l'hermine et la garance! Les démolisseurs conscients ne se spécialisèrent pas : tour à tour, selon la rencontre, ils pointèrent de droite et de gauche.

Durant le même temps, l'esprit de corps donna de jolis résultats : les magistrats, les militaires, les costumés, la livrée, tous les servants de la Société débinèrent la vieille patronne. L'office en rumeur s'aigrit. Robins, rabbins et curés, les officiants, les officiels, les officiers, les complices jonglèrent dans l'antichambre avec les objets du culte. On scandalisa les fidèles. Le doute dessilla les yeux. En quelques mois le peuple-enfant surprit qu'on lui cachait « des choses »... Maintenant la confiance est morte : les mauvais pasteurs l'ont tuée. Près de la hampe brisée du drapeau, les balances de la justice gisent comme de la ferraille parmi du bois à brûler...

C'est en vain que, la crise passée, les brocanteurs de la Patrie tenteront des raccommodages. Plus rare se fera la pratique. La bonne histoire d'une France signifiant, entre les nations, progrès, générosité, n'égarera pas tant de badauds : jamais on ne connut de tribu plus acharnée à maintenir un homme au poteau de torture.

D'ailleurs, et sans se contredire, on n'acceptera pas davantage la légende d'un Dreyfusisme, barnum de la Vérité vraie. La dame nue au miroir vit trop peu de chose dans sa glace. Elle chanta la légalité, oubliant que c'est légalement que l'on fusille les conscrits coupables d'un simple geste; et que légalement aussi, dans nos rues, les nuits d'hiver, des hommes et des petits enfants crèvent devant les portes closes. A bas ces huis clos — les pires ! La revision qu'il faudrait, la belle dame n'en parla point.

Depuis toujours les grands mots : droit, devoir,

honneur, salut-public — retentirent dans tous les clans, sous les bannières opposées. On joue des mots racoleurs. C'est une musique militaire, un chant d'église, des couplets variés de réunion publique. Les hommes qu'on n'embrigade pas font fi des mots raccrocheurs.

Sans prendre service dans les camps, ils gardent dans la mêlée la loyauté passionnée du mot juste et du coup précis. Tel état-major plus que tel autre n'a pas à compter sur eux. Ils méprisent les diplomaties, les tactiques, les réticences. Ils sont suspects : dans chaque camp, volontiers, on les traiterait en francs-tireurs. Ils laissent à d'autres la solde, les galons et de nouveaux mensonges.

C'est mentir que promettre encore après tant de promesses déjà. Les prophètes et les pontifes, les prêcheurs, les utopistes nous bernent en nous montrant, dans le lointain, des temps d'amour. Nous serons morts : la terre promise est celle où nous pourrirons. A quel titre, pour quels motifs, s'hypnotiser sur l'avenir? Assez de mirages! Nous voulons — et par tous les moyens possibles — irrespectueux par nature et des lois et des préjugés, nous voulons — immédiatement — conquérir tout ce que la vie porte en elle de fruits et de fleurs. Si plus tard une révolution résulte des efforts épars — tant mieux! ce sera la bonne. Impatients, nous l'aurons devancée...

Continuez donc à déclamer, messieurs, si ça vous amuse. Et vous, les professionnels, pleurez sur la Société. Une autre grande personne, la France, paraît-il, est malade aussi. N'en doutons pas, c'est sérieux. Deux entités valent mieux qu'une. Et allez donc ! Face au péril ! Complot par ci... Vendus par là ! Chassons le juif « qui nous ruine et nous déshonore ». Expulsons les congréganistes. Flamidien ! Dreyfus ! Quoi encore ? Pour la République ! Pour la Sociale ! Vive Loubet ! et patati et Panama...

Plus on est de Français plus on rit.

Je pose en fait qu'un garçon de quinze ans que les sergents recruteurs, les pions et les chefs d'école n'auraient pas encore abruti verrait plus droit qu'un électeur. Tout est si clair. Que se passe-t-il ? Rien. Une société qui chavire, un peuple qui se noie... ça n'a aucune importance :

L'Individu gagne la rive.

Solide sur la terre ferme que son effort sait conquérir, l'Évadé des galères sociales ne recommence plus d'anciens rêves. Toutes expériences sont faites. On a vu qu'à peine libérés de la folie agenouillante du prêtre, les hommes acceptèrent en bloc les duperies du patriotisme. Au nom de principes nouveaux, ils reprirent l'antique collier. L'esclavage fut laïcisé, le collier peint aux trois couleurs. Qu'importe le dogme ! ce n'est, au vrai, qu'un procédé de gouverne-

ment — on le nuance au goût de la peuplade. Mais déjà les couleurs pâlissent : on parle de l'humanité, d'une seule famille... Méfiance ! En l'honneur de cette famille-là, on s'apprête à truquer encore !.. Et l'Individu que j'indique, celui qui sait, celui qui pense, l'Evadé des galères sociales, celui qui ne montera plus dans les bateaux pavoisés de la religion et de la patrie, ne s'embarquera pas davantage sur les radeaux sans biscuit de la Méduse humanitaire.

As-tu compris, citoyen ?

L'idée de révolte, ainsi, n'est pas une quelconque manie, une foi nouvelle destinée à tromper encore les appétits et les espoirs. C'est l'individuelle énergie de se défendre contre la masse. C'est l'altière volonté de vivre. C'est l'art de marcher tout seul —

Endehors — il suffit d'oser !

A toute occasion, dans ces feuilles, se dégage en simplicité telle façon de sentir et d'être. Aux étincelles des faits, qui se heurtent comme des silex, s'éclairent, chemin passant, les facettes de la question. Et les feuilles légères ou graves se suivent, se tiennent et se complètent selon le scénario formel de la Vie, chaque heure, expressive...

La première aux Propriétaires

TERME FRANCO-RUSSE

Un propriétaire patriote vient d'avoir une heureuse idée : en l'honneur de la Sainte-Russie, il fait, à ses locataires pauvres, remise de ce terme d'octobre — premier trimestre depuis l'Alliance !

— C'est bien, dit-il, les Te Deum, les ovations, les compliments et les toasts et les adresses; mais puisque la France tressaille, que tout va bien, qu'on est en joie, il sied de célébrer l'instant par quelque fait absolument exceptionnel. Les Saint-Cyriens, sortis cette année, donnent à leur promotion un nom russe : c'est là le salut de l'Épée. Nous autres, les bons bourgeois nous saluerons du Porte-monnaie — et ce sera le terme Franco-Russe...

Une mesure pour rien. Un terme de grâce. Quel trait de génie.

Quel trait d'union.

L'idée doit faire son chemin, être adoptée, être acclamée. La date sera glorieuse. Et peut-être depuis longtemps on ne jouera plus l'hymne russe qu'encore on se souviendra du beau geste donnant quittance.

C'est l'abandon des privilèges. Après la nuit du 4 août : la nuit d'octobre...

> Proprio, plus de lutte et me donne un baiser...

Il faudrait n'avoir jamais laissé un semestre en souffrance chez son concierge pour n'être point ému jusqu'au charme par l'initiative de ce brave propriétaire — dont naturellement j'ignore l'adresse et le nom — mais qui, c'est sûr, ne sera par personne dénommé le sieur Vautour.

On prononcera Monsieur Colombe, on l'appellera mon petit père.

Et les pauvres diables que guette l'expulsion, les citoyens que les huissiers de la Patrie se disposaient à dépouiller, les cinquième-sur-cour, les mansardes, reconnaîtront à l'alliance cosaque des avantages appréciables.

Une fois, le terme leur serait clément.

On n'expulserait pas de l'isba.

La décision héroïque des notables tenanciers d'immeubles aurait d'ailleurs, pour eux-mêmes, un côté fructueusement pratique.

Elle leur permettrait, à bon compte, de faire étalage de charité.

Et l'on sait que le peuple bonasse bat encore et toujours des mains à ce sport de la bourgeoisie.

De fait, la tant fameuse alliance dont nous devons être heureux et fiers n'avait encore coïncidé qu'avec le pain plus cher aux pauvres.

La disette russe est contagieuse.

L'alliance ou la mésalliance de Marianne et de Nicolas, la Marseillaise et le knout et les lampions et les pétards laissaient rêveurs les gens de la noce.

Et les ventres-creux se méfiaient de ce bloc désenfariné.

Mais voici qu'on dit :

— Il y a erreur. Malentendu. Dès demain le pain diminuera, et, s'il n'est entièrement gratuit, aujourd'hui le terme le sera. La France est grande et nous sommes frères. Vive l'empereur et la république !

Savourons donc ces bonnes paroles en attendant les emprunts russes — ces panamas de l'avenir.

Combien seront-ils, les seigneurs bien inspirés et conciliants, qui tendront à leurs clients besogneux ou désargentés le reçu du terme impayé?

J'imagine qu'une petite campagne — campagne souriante et sceptique, forcerait assez facilement même les mauvaises volontés.

Prêchera-t-on cette croisade?

Si l'alliance signifie quelque chose, c'est que les soldats du tsar sauvegarderont à l'occasion la fortune, la terre et les biens de messieurs nos propriétaires.

A ces derniers de faire quelques frais.

On leur demande une amnistie pour les locataires malchanceux — pour tous ceux-là qui n'ont que faire des rudes et vaillants cosaques.

Une amnistie générale.

Pas de vieilles gens jetés à la rue! Alors que résonne l'écho des allégresses officielles — pas d'enfants conduits au Dépôt!...

C'est trop demander et, je l'avoue, je ne le demande pas sérieusement : il faut que les corvéables soient encore taillés à merci.

Avant que les gueux n'aient compris, d'autres larmes doivent couler sous le pont. Il doit aussi couler du sang...

Créez, créez des Vagabonds!

Les rêves des sans-feu-ni-lieu se précisent, s'aiguisent et sont lucides.

Que le mensonge de solidarité, chaque jour paraisse plus flagrant.

Vendez les meubles, prenez les hardes !

Et si vous manquez de drapeaux, aux façades de vos maisons, faites y claquer les draps des pauvres entre du rouge et du bleu...

~~~~~~~~~~

Note de l'Éditeur. — Les pages réunies ici furent publiées, texte et dessins, sous forme de placards, au cours des années 1898 et 99. Sans périodicité régulière, selon l'indication de l'exergue, elles parurent à toute occasion. Parfois la feuille se terminait par de brèves notes, polémiques d'actualité éphémère qui ne nous ont pas semblé devoir trouver place en ce volume. Nous citerons seulement ce fragment de l'une d'elles que, dans la première *feuille*, d'Axa inscrivit en façon de programme :

« ... Nous aussi nous parlerons au peuple, et pas pour le flagorner, lui promettre merveilles et monts, fleuves, frontières naturelles, ni même une république propre ou des candidats loyaux ; ni même une révolution préfaçant le paradis terrestre...

« Toutes ces antiennes équivalentes se psalmodient cauteleusement — ici nous parlerons clair.

« Pas de promesses, pas de tromperie. Nous causerons des faits divers, nous montrerons les causes latentes, nous indiquerons des pourquoi.

« Et nous débinerons les trucs et nous nommerons les truqueurs, gens de politique et de sac, gens de lettres — tous les jean-fichtre.

« Nous dirons des choses très simples et nous les dirons simplement... »

Dix assassinats pour un sou

HORRIBLES DÉTAILS

Dans une mare de sang, la belle jeune fille était étendue, les cheveux dénoués, la gorge nue. L'ombre hostile du soir s'appesantissait déjà sur les hauts arbres, tandis qu'au carrefour des chemins, dans le taillis profond, un lambeau de jupe accrochait sa note claire. . . . .
. . . .

Hein! lecteur, pas vous mon camarade avec qui demi-mot suffit; mais toi, monsieur, mais toi, mon brave, qui y es allé de ton sou parce que notre titre sanguinole, dis-moi, bonhomme, ça te va-t-il?... La belle jeune fille, la gorge nue, les cheveux dénoués, la mare de sang...

Et bien, tant pis! tant pis pour vous tous les flaireurs, ceux qu'on amorce avec les viols et les suicides, du sang, des larmes, tant pis pour vous, clients, public, je ne dirai pas comme la jeune fille perdit sa jupe avant la vie...

Trois points c'est tout.

Mais je dirai l'immonde cuisine de la Presse à manchettes rouges, journaux de trois heures ou du soir, et la 4ᵉ édition. Demandez les dernières nouvelles! Lisez les bandes en lettres grasses. Demandez le menu du jour :

Hors-d'œuvre

FILLETTE TUÉE
LES INFANTICIDES A PARIS
SCANDALE! SCANDALE!

Rôtis

GRAND INCENDIE. — LISTE DES MORTS
LE FEU REPREND
NOUVEAUX BLESSÉS, NOUVEAUX MORTS

Desserts

MENACES DE GUERRE
LES COMPLICATIONS EN ORIENT
ULTIMATUM A L'ANGLETERRE
ENGINS ET BOMBES

Chaque journal porte son plat, donne sa note. Do, mi, sol, do, l'accord parfait — l'accord des dos, des maîtres-chanteurs et maîtres-escrocs en fausses nouvelles. Cuisine poivrée, viandes saignantes, chair de meurtre et d'autopsie — avec des potins autour.

Demandez les journaux du soir!

Un homme qu'on appelle déjà, dans le monde spécial du Croissant, la Providence des Journalistes, c'est ce Vacher dont les exploits étayent les colonnes des gazettes.

On sait qu'un monomane se vante d'avoir tué, mutilé, violé filles et garçons selon ses courses. Besace à l'épaule et couteau prompt, la rage au ventre, on nous le montre faisant son tour de France. C'est une exhibition de choix. La publicité est de luxe. On s'ingénie.

A quand le cinématographe?

Des gens d'ordinaire plutôt mornes, articliers et reporters, trouvent la veine, retrouvent la verve.

Les chroniqueurs se ragaillardissent.

Ces lascars qui croient écrire parce qu'ils tartinent du raisiné, se lèchent les moustaches en pondant. Depuis Tropmann, rien d'aussi vaste, d'aussi prenant. Les plumitifs secouent la torpeur de leur anémie cérébrale. Ils ont de l'imagination. Chaque jour ils ajoutent un chapitre, un nouvel épisode au drame, un os de plus au chapelet. Ils se surmènent et perdent notion de la distance et du temps. A écouter la presse, Vacher tuait, le matin, à Marseille, violait à Bordeaux vers midi et, le soir, près de Roubaix, mutilait un jeune berger.

Quel estomac!

Le mieux, c'est que Vacher, quand on le questionne, semble se payer la tête du juge qui veut prendre la sienne :

— Oui, oui, c'est bien moi qui ai massacré la demoiselle et cette vieille femme dont vous me parlez et aussi le petit garçon et puis encore cet autre, si ma mémoire me sert bien. Que voulez-vous? c'est plus fort que ma volonté. Je ne peux résister au désir de faire tous les jours des victimes. Au reste, je suis un fou conscient...

Le sarcasme de telle réplique échappe sans doute au fin juge. Les magistrats devraient pourtant comprendre — eux qui voient partout des coupables, des individus à frapper, eux qui se ruent sur le prévenu comme sur la proie — qu'ils sont des Vacher à leur façon.

Seulement, ils ne sont pas conscients...

Éventreur et grippeminaud, chers confrères, préparent ainsi, dans le recueillement des cabinets de juge d'instruction, l'horrifique liste des crimes ;

Aux petits journalistes ils donnent la pâture.

Ce n'est pas dix assassinats comme, ici, très modestement, nous l'annonçons en vedette. Le

recordman qui bat Lacenaire de plusieurs têtes en avoue vingt pour le moment.

Sans faire d'énumération, je noterai que le meurtre de début eut lieu dans un canton de l'Isère que salit le nom d'un vilain monsieur : Vacher tua d'abord à Beaurepaire.

Vacher, Beaurepaire : les mots s'accolent.

Ce qui constituera quand même, pour le célèbre Vacher, une circonstance atténuante, ce sont de recommandables antécédents.

L'éventreur fut un bon soldat.

Ses premières armes furent heureuses. Engagé volontaire, il devint vite sous-officier. Redouté de ses hommes, aimé de ses chefs, il pouvait rêver l'Epaulette.

L'avenir s'ouvrait.

Sa passion même pour le corps à corps, l'affût et les coups de pointe décelait une belle furia très employable aux colonies.

Pourquoi opéra-t-il en France?

Que ne comprit-il sa vocation, et comment se doivent utiliser « les Forces Mauvaises »! Au Dahomey, au Tonkin, à Madagascar, il se fût couvert de gloire.

Ce serait le général Duchêne ou le gouverneur Galliéni.

Espagnol, ce serait Weyler.

Mais assez causé de militaires. Et ne parlons plus de Vacher. Aussi bien toute actualité n'est qu'un prétexte à penser.

Le cas du sous-off enragé nous intéresse plutôt par la façon dont on l'exploite. La culture du goût du sang — la culture par la voie de la presse.

Cela c'est plus que de l'actualité. C'est d'hier, d'aujourd'hui, de demain.

Les journaux débiteront, toujours, tant d'assassinats pour un sou. Sans autre vouloir que la recette, toujours ils mettront le mot aguicheur de populace. Et toujours ils détailleront saligauderies et violences relevées, suivant la formule, de poudrette sentimentale.

Dans les gazettes un peu cossues d'habitude on donne cent sous à l'écrivain de la maison qui trouve la plus belle manchette.

Etait-ce joli : le Tueur de Bergers? Et poétique et pittoresque?... Ce soir, ils trouveront autre chose.

Ils savent l'art d'accommoder les restes des assassinés. Ils pomponnent les fillettes flétries, les bergerettes déchiquetées. Ce sont des Watteau de barrière qui enrubannent, pour le peuple, les bons couteaux à virole.

Association de Malfaiteurs

BILLOT LUI-MÊME...

Si nous avions le genre d'esprit des journaux dont il a été parlé, feuilles à manchettes bien parisiennes, à sous-titres provocateurs, aujourd'hui notre petit papier volletterait de par la ville avec, en tête, ces mots :

Tous Traîtres

Nous ne manquerions pas d'ajouter, pour préciser notre pensée sur les scandales militaires qu'une certaine presse soulève sans scrupules :

La Patrie en Danger

Eh quoi ! voilà où nous en sommes après vingt-sept ans d'efforts, de luttes et d'affaires !... Le doute, l'horrible doute, s'infiltre, pénètre les couches profondes, ces fameuses couches, les vraies et les fausses, envahit le Peuple, culbute l'Armée.

Nos confrères les plus réputés, les plus distingués, ceux qui gagnent le plus d'argent et dépensent le plus d'esprit, ne craignent pas de mêler à leurs polémiques le chef suprême de notre armée, le général Billot lui-même !

Des journalistes insoupçonnables comme des femmes de césars, des écrivains suivis des foules, insultent un ministre de la guerre, un soldat !

Mais deviennent-ils donc des sans-patrie, ces hommes que nous avions appris à lire avec respect, avec confiance ? Que s'est-il passé ? Quel vent souffle ? Quel vent qui les a rendus fous ?

Ils ont dit, et je cite, hélas :

« Billot est un menteur »

« un incapable »

« un gâteux »

Ma plume se refuse à continuer les citations. Assez ! De l'air !

L'air est pur, la route est large...

Assez ! « Menteur, incapable, gâteux » ! Ils ont dit cela, ils ont dit pire. Ils ont déversé l'outrage à pleines colonnes. Aucun de nos chefs n'a été épargné : quand ce n'était pas le général Billot, c'était un autre général d'une capacité peu commune, c'était le général Saussier !

Oui, le gouverneur de Paris, celui qui, en cas de défaite dans l'Est, serait ici notre ultime espoir : Saussier pour tous !

Rien ne les arrête — pas même les agents de la sûreté de l'État. Ils vont, ils vont, ils parlent, ils papotent, chuchotent et complotent en organisateurs de paniques.

Les tirages montent, la Bourse baisse.

Tout cela parce qu'un petit juif a trahi — ou n'a pas trahi.

Parce que d'autres officiers ont trahi — ou n'ont pas trahi.

Inextricable cauchemar. Ma tête s'y perd, l'émotion gagne le pays. L'heure est grave.

On raconte, on insinue, on crie que ceux des officiers en cause qui ne se sont pas livrés à l'Allemagne, se sont laissé acheter par le syndicat Dreyfus.

Les accusations s'entre-croisent, les invectives se heurtent. On n'entend plus qu'un bruit vague et ces épithètes en point d'orgue :

Espion ! Traître ! Vendu ! Mouchard !

On lance des noms, on jette des grades.

Tout est suspect, tout et tous.

S'il y a le syndicat de la défense, il y a les syndicats de l'attaque.

Que de boue ! que de boue pour l'honnête homme qui va à pied, pour le brave petit officier d'infanterie... Que de boue ! que de boue ! que de syndicats — sans plus parler de celui de la presse.

Cette lamentable affaire Dreyfus (tout le monde répète : lamentable) n'est aussi lamentable en somme que par les dessous qu'elle révèle. Il n'y a plus de respect, il n'y a plus de discipline. Tout s'en va...

Tout s'en va comme les documents importants de notre armoire nationale.

Le sentiment de la hiérarchie file au petit galop de manège.

Le capitaine dit au commandant :

— On sait qui vous êtes, fripouille !

Le commandant dit au colonel :

— Je m'en vais te régler ton compte.

Quel spectacle devant l'étranger !

Et tout se sait, tout se colporte, tels des secrets professionnels. La place me manquerait pour donner la liste, même sans commentaires, des personnages dont on se permet de livrer la vie, les paroles, les gestes, en pâture à de malsaines curiosités. Les plus honorables, les plus loyaux soldats n'y échappent pas. Depuis le commandant-comte Esterhazy jusqu'au général Mercier, en passant par le colonel Picquart, les commandants de Saint-Morel et Forzinetti, le major de Rougemont, le contrôleur-général Prioul, etc., etc., il faudrait compulser l'Annuaire.

Et la main tremble, et le cœur se serre.

Il me semble voir le Drapeau pâlir...

Oh! là là! la lamentable affaire.

Ce qui devient le plus inquiétant, c'est peut-être l'attitude du public.

Une sourde malveillance se perçoit.

Les choses les plus naturelles, les plus vraisemblables sont interprétées fâcheusement. C'est à ce point que des gens sourient quand le commandant Esterhazy nous conte comment une dame voilée lui remit une pièce précieuse.

— C'est du Gaboriau, s'écrie-t-on, du Montépin, du Richebourg.

— On la connaît, la dame voilée!

— C'est le monsieur brun de Pranzini...

Silence, vous tous! Voyons, vous admettez bien qu'une dame qui ne veut pas être reconnue mette une voilette sur son visage. Ceci, vous êtes forcés d'en convenir. Alors quoi? Et que trouvez-vous d'étrange à ce que la dame prenne une voiture pour monter jusqu'au Sacré-Cœur? Cela se passe tous les jours. Alors re-quoi? Taisez-vous donc, et faites le salut militaire.

On se fatigue à vous répéter des détails qui,

par leur précision même, fleurent le parfum de la vérité.

1° On vous montre que la voiture était une Urbaine.

Ça ne s'invente pas, ces choses-là.

2° On vous serine que cette Urbaine était attelée de deux chevaux gris.

Est-ce trop dire quand les omnibus en claquent trois pour monter moins haut ?

Malheureusement, dans la lamentable affaire, tout n'est pas aussi clair que le rôle du commandant Esterhazy.

Il y a des réticences, des ménagements, des combinaisons.

L'intervention de la dame voilée est le seul fait vraiment net et indiscutable.

Sur d'autres points, l'enquête patauge, les renseignements sont contradictoires, les conclusions inadmissibles... La réserve des uns, la mauvaise foi des autres, laissent le champ libre à d'abominables imputations.

Les reptiles relèvent la tête.

Ces ovipares, qui pondent une copie dont on sait le prix à Berlin, nous ont accusé de vol. Ils ont fait semblant de croire que le dédaigneux silence du gouvernement signifiait que nous redoutions la lumière des explications. Ils ont parlé de Raison d'État et de document soustrait. Ils ont osé montrer la France fouillant dans la boîte à ordures de l'ambassadeur d'Allemagne...

C'est une basse calomnie.

Nous n'aurions eu la preuve de la trahison de Dreyfus qu'en nous emparant de pièces par escalade et effraction.

Les dites pièces seraient non pas des pièces de monnaie; mais des pièces comptables dont la production est aussi impossible que celle de billets de banque filoutés.

Nous serions des cambrioleurs.

C'est nous qui aurions volé des papiers !...

Et, aujourd'hui, nous nous tairions comme des escarpes pris sur le tas. Nous craindrions, sinon le bicorne du gendarme, du moins le casque à pointe pointilleux...

Nous aurions peur.

Le sang ne fait qu'un tour — et il le fait très vite — à la lecture de pareilles insanités. L'effraction, l'escalade, le vol sont des procédés teutons. Jamais, en France, l'Allemand ne fera école.

Et la peur n'est pas fille des Gaules.

En vérité, je l'écris: ce n'est pas nous qui sommes une Association de Malfaiteurs !

L'heure a sonné de crier fort que la France est toujours la France. Et si quelques-uns l'ont déjà redit,

> Tant mieux ! Clou martelé n'entre que plus avant.

Nous sommes prêts — prêts à tout.

Les complices ou les dupes qui, à mots couverts, laissent entendre que nous avons quelque chose à cacher, perpètrent une antipatriotique besogne. Ils se font l'écho d'un mensonge.

C'est un canard qui vient de Prusse.

Au surplus, comme l'indique M. Macdonald, duc de Tarente et officier de réserve, dans un poème publié récemment par notre audacieux confrère la *Patrie* :

> Le cœur est fait pour s'écœurer.

Nous doublerons le cap de cette crise. L'âme du pays est à la caserne, ainsi que l'annonçait, avant-hier, dans le *Journal*, notre maître Armand Silvestre.

La parole est aux militaires.

Ils ont des mots définitifs. Le *Figaro* les recueille.

M. de Rodays fait parler :

— N'avez-vous pas été surpris, demande-t-il aux camarades de régiment du commandant

Esterhazy, n'avez-vous pas été émus de voir mêler à ce triste débat le nom de votre compagnon d'armes ?

— Nullement, répondent les compagnons, le commandant était ce qu'on appelle un officier besogneux... et alors... vous comprenez...

Je ne comprends pas, moi. Je ne veux pas comprendre. Il faudrait être un graphologue pour interpréter ces lignes-là autrement que dans leur sens précis.

Elles proclament une énormité.

Elles hurlent qu'un officier pauvre est à la merci des hasards, que la solde est insuffisante si le riche mariage n'intervient pas. Elles claironnent ce honteux dilemme : lever une dot ou tirer des plans.

Mensonge et mort ! Ile du Diable ! Nom de ma vieille sabretache ! ce sont là paroles félonnes.

La Grande Muette n'a pas dit ça.

Nous exigeons un démenti. Protestez et rectifiez. Ou demain quelque impertinent, après le *Figaro*, répètera pour nuire au prestige des Epaulettes :

— Quand ils ne grignotent pas du blanc, ces messieurs bouffent du Tricolore.

Réhabilitation civile et Exécution militaire

UNE ERREUR JUDICIAIRE

Quelques personnes ont été surprises du silence de M. Félix Faure qui, d'un mot, eût pu, paraît-il, fermer la bouche entr'ouverte de M. Scheurer-Kestner.

Une phrase nette, précise, du président de cette république aurait suffi, dit-on, à briser le faisceau d'arguments en faveur de l'officier qui occupe, sans doute, ses loisirs à faire faire des maniements d'armes aux chaouchs de l'Ile du Diable.

Si ce monsieur ne fut pas traître — il fut capitaine.

Passons.

Mais pourquoi donc, pourquoi notre premier magistrat n'épargna-t-il point au pays les discussions passionnées auxquelles l'ont contraint les sous-entendus, les réticences et les huis clos ?

Pourquoi ? Voici :

Au moment même où s'entamait la campagne de réhabilitation que l'on sait, M. Félix Faure, Madame, Mademoiselle et la Maison militaire étaient sur le point de s'atteler à une autre réhabilitation, tout à fait respectable celle-là.

Madame avait apporté des documents probants, Mademoiselle les avait annotés, Monsieur les avait classés et la Maison militaire piaffait d'une belle impatience. On allait rouler. Il s'agissait non point d'une erreur judiciaire vulgaire, mais d'un véritable complot politique dont fut victime, il y a une cinquantaine d'années, un modeste avoué de province...

L'avoué, bien connu pour ses opinions franchement avancées, fut en butte aux tracasseries d'une magistrature réactionnaire. Il paya cher sa foi républicaine.

C'est même la seule chose qu'il paya.

Incriminé sous le prétexte discutable de faux en écriture, l'avoué dut, au pied-levé, gagner la terre d'exil. Il gagnait, en même temps, quelques centaines de mille francs, par une vente de la dernière heure. Son désintéressement était cependant tel qu'il abandonna la forte somme à son beau-frère, M. Guinot, entrepreneur à Amboise.

Et puisque des noms — des noms propres accourent sous notre plume, vidons l'encrier jusqu'à la lie. C'est une bien pénible histoire. Disons-la toute. Et vite.

L'avoué s'appelait M. Belluot.

L'avoué était le beau-père — le propre beau-père du président de la République.

C'était le papa de sa dame.

L'Avoué était Innocent

D'une enquête scrupuleuse faite à Tours, où l'on prétendit méchamment que M. Belluot en joua quelques-uns de sa façon, il résulterait au contraire que cet homme-de-biens tomba sous de louches machinations.

Le tribunal qui le condamna par contumace aux travaux forcés, n'osa pas aller jusqu'au bout. Et cela est significatif. On condamnait l'homme pour faux et pour vols; mais on laissait le produit de ces faux et de ces vols aux mains de la famille du faussaire !

Est-ce vraisemblable ?

Non. Le verdict, mitigé de cette circonstance atténuante qu'on ne faisait pas restituer le produit des rapines, signifiait, à n'en point douter, que ces rapines n'existaient pas.

L'argent mal acquis ne profite d'ailleurs jamais. Et, là encore, dans ce mot de la sagesse des nations, nous trouvons une preuve nouvelle, bien que toute morale, de l'innocence de Belluot :

Son argent profita.

Si nous jouissons, aujourd'hui, de M. Félix Faure, c'est à cet argent que nous le devons.

Ne l'oublions pas.

Un fils de France, un petit tanneur fut loyalement aidé dans son œuvre commerciale et politique par une femme de cœur et de dot. Ce fut la collaboration, toute moderne, du capital et de l'industrie. Le capital n'avait pas d'odeur,

L'industrie était sans reproche.

Félix Faure, dès l'âge le plus tendre, se conduisait en chevalier.

Bravant les préjugés bêtes, repoussant du pied la calomnie, il tendit la main à la toute gracieuse jeune femme qu'on appelait lâchement : la fille du forçat.

Depuis, malgré les préoccupations, les charges de l'État, les responsabilités et les honneurs, il avait, en secret, travaillé sans relâche à réunir les éléments de la revision du procès scandaleux qui flétrissait son parent.

Encouragé à la persévérance par l'exemple du cas de Pierre Vaux, il savait que la justice est immanente, si elle n'est pas pressée. Il avait prit son tour.

Or, son tour était arrivé.

Il allait parler. Il allait confondre la perfidie, dévoiler les basses intrigues, rendre l'honneur à feu l'avoué, lorsque tout à coup, patatras! on jeta dans ses jambes présidentielles le sot paquet de l'affaire Dreyfus.

Notre Félix est un homme du peuple. Le sang généreux qui court en veines bleues sous ses guêtres blanches est trop chaud pour lui permettre de cacher son mécontentement :

— Partie remise, pensa-t-il, et que Dreyfus aille au Diable, qu'il reste à l'Ile et qu'on me fiche la paix. C'est la guigne, c'est la guigne noire. Je ne me mêle plus d'affaires comme ça. Pourtant Belluot n'est pas coupable...

Et le président se prit à rêver. Il songea qu'en dépit de certains succès, il n'avait jamais eu vraiment la veine dont il était digne. Son front s'assombrit chargé des nuages du souci. Le petit tanneur devint tout chose, tout morose. Le brave corroyeur national se tut...

Voilà pourquoi il ne parla pas.

Félix Faure dit « Peau de Chagrin »

La vie est triste comme un bonnet de juge. A l'Elysée où on ne badine pas davantage avec l'honneur qu'avec l'amour, ces derniers incidents ont encore assombri l'existence de tous. Félix est de plus en plus chagrin.

Il n'est plus le Félix des hôtes de ses bois.

Ses familiers mêmes, ses proches le trouvent plus morne que nature. L'œil est terne derrière le monocle. Et Peau-de-chagrin déambule par les couloirs déserts, les vastes salles du palais, cherchant la solitude, muette amie du penseur.

L'idée d'erreur judiciaire l'affole et le poursuit. Ce simple mot : réhabilitation, quand il ne s'applique pas à l'avoué qui, au reste, n'avoua jamais, lui semble un insigne blasphème.

Parfois les officiers d'ordonnance entendent comme une voix lointaine :

— Il est innocent, dit la voix, innocent ! Mon beau-père n'a pas commis de faux. Qu'importe la Chose Jugée ! Ce sont des magistrats civils qui ont condamné. Je méprise la Chose Jugée, puisqu'elle n'a pas été jugée par des militaires...

Alors, le général Agron, chef des janissaires du harem et secrétaire de la présidence, réplique à la cantonade :

— Président, vous avez raison ! L'honneur de l'armée n'est pas en cause.

L'Honneur de l'Armée

L'Honneur de l'Armée n'est jamais en cause !

C'est en vain qu'une plèbe civile aboyerait aux éperons d'or de nos cavaliers, aux chaussettes russes de nos fantassins : garde à vous ! le régiment passe, le clairon sonne, le tambour bat. Le cœur bat plus vite. On sent que ça sent la poudre et la gloire. Hier, demain, toujours. L'Histoire. Et la Légende et l'Idylle. Le contact d'un pantalon rouge et d'une petite bonne d'enfant. La jeunesse et les vieux soldats... Fermez le ban !

Par les temps où nous pataugeons, il faut des bottes-à-l'écuyère.

Il faut des sabres de commandant pour défendre la mère-patrie et au besoin pour l'attaquer — avec renfort de uhlans.

Il faut des sabres, des sabres encore, aux

bateleurs du journalisme, quand ce ne serait que pour les avaler après le boniment d'usage.

Ah! le sabre d'un dictateur qui mettrait le peuple à la raison. Silence dans les rangs! Plus personne...

Plus personne que des militaires.

Quel rêve! Car enfin on nous l'a redit assez: Il n'y a plus rien qui vaille en France, tout est fini, pesé, flétri, tout avili, sauf l'Arche-sainte où font le quart quelques messieurs en uniformes.

Vive le bateau!

La boue monte. Un océan de fange, répète-t-on, submerge la nation entière. Gardons intacte la seule chose qui dans le pays soit restée pure.

Ne touchons pas à l'Armée.

Avouons que, même avec de solides pincettes, le moment serait mal choisi.

J'entends ainsi applaudir à la crânerie des journaux partant de l'histoire-Dreyfus et de l'affaire-Esterhazy pour entonner les louanges du Sabre.

C'est le chant du Balai qu'on demande.

Le balai contre les civils qui se mêlent de ce qui ne les regarde pas. On en trouve partout, des civils. Quand comprendront-ils, ces gens-là, qu'ils sont la honte de la France?

Dans la déchéance de notre race, l'Armée seule est encore debout.

Et quel triste rôle jouerions-nous donc, vous et moi, le passant, l'ouvrier, l'employé, l'artiste, ramas de pékins, piètre engeance, si nous n'avions au moins l'excuse d'entretenir les militaires ?

Que le peuple y pense et, s'il en est encore temps, se ressaisisse. Que les hommes valides reprennent du service et que les autres élèvent leur cœur... Une saine poussée d'orgueil me vient. Je perçois un bruit de godillots :

Un pied-de-banc passe sur le boulevard...

FINI DE SOURIRE

L'homme dont je recevais la visite, hier, les avait entendus douze ans, autour de sa cellule, les pied-de-banc. Douze ans, dans les pénitenciers militaires d'Algérie, il avait saigné sa vie sous la barre-de-justice et les matraques de la chiourme.

Son crime : une absence illégale, ce qu'on appelle, en argot de police, désertion à l'intérieur. De plus, il avait répondu au caporal qui l'insultait.

Et, maintenant, vieilli, épuisé, hâve, le souffle court et l'œil brillant, il me disait de sa voix creuse :

— Ils ont eu la graisse, pas la peau.

Combien l'ai-je entendu de fois, sous le ciel africain, cet âpre cri d'évadé? Et pas toujours prononcé par les revenants des maisons de force, par les irréguliers de la Discipline; mais au départ de la classe, quand les Chasseurs, mes camarades, quittaient El Aghouat ou Blidah.

— Ils ont eu la graisse, pas la peau!

Il faut bien qu'il y ait des hommes qui sortent ainsi de ces bagnes pour dire comment meurent ceux qui restent.

Je sais.

C'est à Bône, à l'atelier des travaux publics, n° 6. La visite est sonnée. Le médecin-major Mathelin est là. A sa droite, un lieutenant-adjoint, dont ma mémoire en défaut m'empêche de cracher le nom, asticote de ses observations tous les malades qui se présentent :

— C'est un carottier celui-ci, ne l'écoutez pas, docteur.

Un homme, puni de cachot, arrive escorté du sergent de planton et d'un factionnaire, sabre au clair :

— Je meurs de faim, dit l'homme, je ne peux plus durer comme ça; monsieur le major, je vous en supplie, faites-moi donner une ration de pain.

— Du pain? s'exclame le lieutenant, est-il gourmand, le gaillard!

L'homme eut un sursaut, un coup de rage, et, d'un geste vers l'officier, il effleura son képi. Le lieutenant bondit, arracha au sergent de service qui, je dois le dire, résistait un peu, le revolver d'ordonnance, et fit tomber roide à ses pieds l'homme qui réclamait du pain.

Un autre détenu, témoin de la scène, se précipita contre l'assassin : deux balles l'abattirent près du mort.

Cette seconde victime du drame ne fut que blessée grièvement.

A l'hôpital de Bône, sœur Marie, une belle âme, une noble femme, comme égarée en cet enfer, à force de soins et de dévouement, sauva le malheureux garçon.

Mais la geôle ne le lâcha pas.

Le conseil de guerre le condamna à mort — à mort comme son compagnon. Et ce fut seulement à la prière du médecin-major Mathelin que cette peine se commua en vingt années de travaux publics.

Le lieutenant de cette aventure doit être capitaine quelque part...

Si c'est à Alger, je veux croire qu'on le désignera d'office pour commander le peloton d'exécution du premier petit soldat que l'on va tuer.

Ce petit soldat se nomme Charles Hartier.

Il appartient au 3ᵉ bataillon d'infanterie légère. Au mois d'août, il fut condamné à mort pour avoir bousculé un supérieur. L'arrêt, cassé pour vice de forme, vient d'être ratifié ces jours-ci.

Il n'y a donc pas plus de quatre mois que Charles Hartier attend les balles. Faites lui cette grâce de le tuer vite.

Il est jeune, il s'impatiente.

Et puis aussi il y a une maman qui, elle, n'a pas bousculé son supérieur. Elle agonise...

Un bon mouvement! monsieur Félix Faure, donnez des ordres pour que ça ne traîne pas. Puisque vous avez le droit de gracier, vous devez bien avoir celui de précipiter les fusillades. Allons, monsieur. Ça dépend de vous.

Pour clore cette ère de scandales où maints officiers se distinguèrent, il faut un exemple, c'est certain :

Fusillez vite le petit soldat.

A propos de bottes

LA TOURNÉE DU PATRON

L'infortuné garçon de recettes qui mit si lamentablement ses souliers dans la cheminée de la champignonnière fut, en ce tragique noël, moins la victime de Carrara que celle du Capitalisme.

Ce pauvre diable de Lamarre — condamné, pour gagner quelques pièces de cent sous par mois, à réclamer quotidiennement à des débiteurs aigris les liasses de billets de mille francs qu'attendent derrière leur guichet des usuriers vénérables — depuis toujours marchait à la mort.

Il y marchait pour le compte des gens d'argent qui ne marchent pas.

Et j'apprécie le sentiment des journalistes et du député qui, songeant à quoi sont exposés les modestes percepteurs des banques, demandent qu'on protège ces derniers contre les risques du métier.

Seulement, les moyens proposés ne valent pas.

Évidemment, journalistes et député se sont dit, en un mouvement qui les honore :

— Il est ignoble que d'humbles serviteurs se fassent tuer à tout bout de champ, à tout coin de rue, à toute maison isolée, quand les patrons qui les consomment ne pensent qu'à grossir leur fortune et donnent à ces risque-tout des appointements dérisoires.

Alors on a réclamé une augmentation des salaires. Il faudrait aussi que les garçons de recettes reçoivent — avec leur portefeuille d'attaque — un bon revolver de défense.

D'autres personnes ont proclamé l'urgence de faire accompagner, par un second employé, les percepteurs qui s'en vont trimardant de bourse en bourse.

Ce sont là des demi-mesures.

Rien ne protège contre les guet-apens. Les individus aux abois, qu'on relance jusqu'en leur taudis, frapperont deux hommes au lieu d'un.

Carrara, derrière la porte, est à l'affût.

L'Italien à la clé anglaise, bien qu'arrêté, reste une menace. Il est légion. N'a-t-on pas entendu ces mots :

— Mes petits enfants, ma femme, moi, nous n'avions plus qu'à mourir ; le crime seul pouvait nous sauver...

Et voici la genèse du meurtre.

De plus peut-être y a-t-il, chez les affolés qui tuent, une sourde rage contre l'homme en livrée qui vient, la sacoche bourrée d'argent, exiger le pain de la nichée.

Le grand jeu des puissants du monde, toujours le même, est de créer des conflits entre les frères de misère.

Le débiteur traqué et le pauvre hère qui porte au collet les initiales de la riche banque, se regardent comme chien et loup.

Ils se détestent.

Et j'aurais du mal à leur faire sentir que, tous deux, sont également des victimes...

D'ailleurs, cette constatation n'apportant aucune solution d'ordre immédiatement pratique, les gueux continueront, je crois, — pendant encore un certain temps — à se massacrer comme de règle.

La Société vit de leur mort.

Gendarmes et vagabonds, douaniers et contrebandiers, garde-forestiers et braconniers, les gueux et les doubles-gueux laissent ainsi leur sang sur les routes, à propos des faisans du prince...

Les peuples-enfants ne se ruent-ils pas aux réciproques carnages pour des lopins de territoire sur lesquels ils avaient eu tout juste le droit de payer la taille et la gabelle !

Les peuples-enfants grandiront-ils ?

En attendant la croissance, un de ces jours les corvéables prieront ces messieurs de la Cour, les beaux messieurs de lois dorées et de portefeuilles ibidem, d'exécuter eux-mêmes leurs arrêts et de régler leurs affaires eux-mêmes — en temps de guerre comme en temps de paix.

Il y a commencement à tout.

Relativement aux garçons de recettes, je ne vois d'ailleurs que deux procédés pour rendre leur destin moins sombre.

Le premier consisterait à faire escorter leur sacoche par un escadron de cuirassiers.

Ce serait logique et reluisant : l'armée soutiendrait, sur les chaussées, près du trottoir, les racolages de la banque.

Plus de lapins !

Malheureusement la grande muette n'est pas populaire au faubourg. Et malheureusement c'est au faubourg, au faubourg misérable et las que les seigneurs à riche escarcelle envoient instrumenter leurs serfs. Donc pas d'escorte militaire, pas d'éclairs et de longs bruits d'armes...

Gavroche ferait des plaisanteries.

Ces plaisanteries seraient déplacées, je m'empresse de le reconnaître et m'en tiens au second moyen, le bon :

Supprimer le Garçonnat de recettes.

Le procédé est radical — et socialiste, si j'ose dire. Ce n'est plus l'homme que l'on supprime, c'est la fonction.

Mais comme il faut que le bel argent retourne toujours à la rivière de diamants, les perceptions seraient opérées par les financiers eux-mêmes.

Ce serait la tournée du patron !

D'un pied léger, bedaines au vent, tous ces excellents banquiers — juifs, catholiques ou francs-maçons — iraient se faire régler leur compte !

SOULIERS DE NOËL

Si, comme je le préconise, les diabétiques de la haute quittaient leurs somptueux hôtels pour battre le pavé des cités, ils seraient spectateurs souvent de tels tableaux de misère qu'ils reviendraient de leur tournée avec une pensée — peut-être.

Une pensée humaine.

Ils auraient pu, l'autre soir, rue Gay-Lussac,

assister à l'arrestation d'un enfant. Ils auraient pu prier le sergot, avec l'autorité que confère un beau pardessus, de ne pas brutaliser le mioche. Usant encore des prérogatives qu'octroient le haut-de-forme, les gants fourrés et les breloques, rien ne leur eût été plus facile que de suivre au commissariat l'enfant que les flics y poussaient à grands coups de poings dans le dos.

Là, tout en séchant leurs snowboots au poêle accueillant du poste, les spectateurs privilégiés auraient entendu le coupable conter sa vie au commissaire :

— Je me nomme Jean Sarnois, j'ai quatorze ans et je suis né à Annecy. A huit ans, orphelin, seul au monde, n'ayant pour tout bien que ce que j'avais sur le corps, j'ai quitté mon pays natal et je suis venu à pied à Paris, où j'ai travaillé honnêtement pour gagner mon pain comme ramoneur ou chiffonnier. Dans un hangar de la rue de Belleville où on me laisse coucher, j'ai pleuré bien souvent; oui, j'ai volé, c'est vrai, et voilà pourquoi : j'ai fait il y a deux ans environ la connaissance d'une petite fille de mon âge ou à peu près, elle a quinze ans, orpheline comme moi et comme moi s'occupant à chiffonner. Nous étions si malheureux que nous résolûmes d'unir nos deux misères. Nous nous aimions bien et nous vivions comme frère et sœur; elle couchait

dans un coin de mon hangar, moi dans l'autre et elle s'occupait à trier et à vendre les objets recueillis au cours de mes nuits de travail. Enfin il y a quelques jours, elle m'a dit, toute triste, qu'elle allait être obligée de marcher bientôt pieds nus, ses souliers étant plus qu'usés. Ça m'a fait beaucoup de peine, et comme je souffrais trop à l'idée de la voir marcher sans chaussures dans la boue et la neige, j'ai volé, ne pouvant l'acheter, la paire de bottines qu'on a trouvée dans ma hotte...

Pour blasés qu'eussent été les témoins, l'histoire du petit chiffonnier les aurait, je pense, intéressés. Ils eussent payé les bottines, donné quelque menue monnaie et fait renvoyer l'enfant près de la petite amie inquiète.

Le commissaire fit autre chose.

L'enfant fut jeté au Dépôt!

Deux délits lui sont reprochés. Le flagrant délit de son vol et cet autre, plus honteux encore, inscrit ainsi sur l'ordre d'écrou :

N'a pas de domicile légal.

Le hangar de la rue de Belleville, le hangar ouvert au vent, n'est pas ce que le magistrat a coutume d'appeler un domicile légal.

Un domicile légal!

L'enfant en a un maintenant.

Et sa petite sœur de misère en **aura** tel autre demain :

La maison publique — ou centrale.

RÉIMPRESSION

A lire certaines gazettes où travaillent les demi-soldes de la police et de la presse, il appert que les soutiens de la société redoutent, autant que la violence, le plus simple exposé des faits.

Au lendemain de chacune de ces *feuilles* dans lesquelles je note strictement le fait-divers expressif, une tourbe hurle : Au scandale !

On parle aussi d'anarchie.

Je n'aurais pas retourné la tête si de bons amis à moi n'avaient cru devoir, en des articles, intervenir sur ce point. Aussi bien je n'ajouterai pas une seule phrase nouvelle. Je réimprimerai uniquement la dernière page d'un livre que j'écrivis au sortir de la prison où je passai un an et demi — pour dix lignes dans un journal.

... Autour de la Conciergerie les petites rues et les quais parlent bas, et c'est comme une transition avant la clameur des boulevards.

Les dix-huit mois volés à ma vie sont déjà le passé.

Le présent seul importe.

Qu'à sa première sortie un convalescent soit troublé; mon pas est ferme sur le pavé.

Où me mène-t-il ?

Rejoindre les anarchistes ?

Ici, je suis forcé de conclure : je ne suis pas anarchiste.

En cours d'assises, à l'instruction comme aux séances, j'ai dédaigné cette explication. Mes paroles de rage ou de pitié étaient qualifiées anarchistes — je n'épiloguai pas sous la menace.

A présent il me plaira de préciser ma pensée première, ma volonté de toujours.

Elle ne doit pas sombrer dans les à-peu-près.

Pas plus groupé dans l'anarchie qu'embrigadé dans les socialismes. Etre l'homme affranchi, l'isolé chercheur d'au-delà ; mais non fasciné par un rêve. Avoir la fierté de s'affirmer, hors les écoles et les sectes :

Endehors.

Les nouvellistes facétieux ont commenté d'une manière plutôt superficielle en s'écriant : « Mais c'est l'En dedans ! » quand on nous jetait en prison.

Et voilà que sur les grisailles de tous les doutes ceci apparait en l'éclat d'une couleur vigoureuse :

La Volonté de Vivre.

Et vivre hors les lois asservissantes, hors les règles étroites, hors même les théories idéalement formulées pour les âges à venir.

Vivre sans croire au paradis divin et sans trop espérer le paradis terrestre.

Vivre pour l'heure présente, hors le mirage des sociétés futures ; vivre et palper cette existence dans le plaisir hautain de la bataille sociale.

C'est plus qu'un état d'esprit : c'est une manière d'être — et tout de suite.

Assez longtemps on a fait cheminer les hommes en leur montrant la conquête du ciel. Nous ne voulons même plus attendre d'avoir conquis toute la terre.

Chacun, marchons pour notre joie.

Et s'il reste des gens sur la route, s'il est des êtres que rien n'éveille, s'il se trouve des esclaves nés, des peuples indécrassablement avilis, tant pis pour eux ! Comprendre c'est être à l'avant-garde. Et la joie est d'agir. Nous n'avons point le temps de marquer le pas : la vie est brève. Individuellement nous courons aux assauts qui nous appellent.

On a parlé de dilettantisme. Il n'est pas gratuit, celui-là, pas platonique : nous payons.

Et nous recommençons.

Donc, aujourd'hui, je récidive. On peut être l'homme qui passe — et qui pense, mes bons messieurs. Et qui parle et qui agit — selon la vie, sans autre dogme. Nos adversaires riraient trop si, quand on leur cherche l'oreille, il leur suffisait de crier pour dénaturer notre geste :

— Pardon, vous êtes anarchiste et vous voulez me faire sauter !

POUR LE PETIT SOLDAT

Est-il besoin d'être même révolutionnaire pour féliciter les *Débats* de leur vaillance qui sent la poudre. Ce papier rose provoque au meurtre. En réponse à notre dernière *feuille* où nous attirions l'attention du monocle présidentiel sur le sort du jeune soldat Charles Hartier, condamné à mort depuis quatre mois pour avoir bousculé « un supérieur », il s'est trouvé un individu qui, dans une écœurante prose, a réclamé la fusillade.

Quel est ce drôle ?

L'individu n'a pas signé. Le sadique, flaireur de sang, n'a pas montré son museau de bête.

Ce fusilleur est anonyme!

Où êtes-vous, monsieur?

Pour une fois, on aimerait, de près, voir le pékin qui souhaite que les fusils lebel brisent le crâne des petits français incomplètement disciplinés.

Au nom de ces français-là, nos bottes vous saluent, confrère.

Arguments frappants

DU CHOURINEUR A L'ÉTUDIANT

Conseils de Paix

On a médit des conseils de guerre.

Trois soldats d'un régiment d'infanterie de marine, à la veille de servir au Tonkin — probablement pour s'entraîner — avaient massacré, de nuit, un civil, dans les rues de Cherbourg.

Il s'agissait simplement de six ou sept coups de sabres-baïonnettes et de couteaux à travers une poitrine — dans une blouse.

Un ouvrier assassiné.

Le conseil de guerre se réunit.

Que n'a-t-on pas raconté à propos de l'implacabilité de ces tribunaux qui prononcent la peine capitale pour la brusquerie d'un geste? Nazarder un caporal, c'est la mort.

Outrage envers un supérieur : mort.

Tentative de voies de fait : mort.

Mort, mort, mort, c'est le tarif, à propos de tout et de rien. Aux pages du code militaire, le mot grouille sinistrement : mort, mort..

... Les chourineurs d'infanterie de marine, les petits marsouins vont donc mourir. Ils ont, à trois, pas joliment, saigné un gueux qui passait. On les fusillera demain.

Nous sommes contre la répression. L'idée de châtiment nous répugne. Mais le verdict frappant quelques surineurs révoltera moins nos consciences que l'exécution sommaire pour une insulte au caporal.

Laissons passer la Justice du Sabre!

Or, le Sabre fut, hier, clément. Les trois soldats qui avaient tué ne seront pas tués. Le conseil de guerre, indulgent et compréhensif, abolit la peine capitale : trois militaires pour avoir tué un homme ne subiront qu'une peine légère. Le conseil de guerre se fait paternel, il donne des avertissements :

— Que cela vous serve de leçon, jeunes gens. Vous avez assassiné un ouvrier, c'est un tort — puisque vous n'en aviez pas reçu l'ordre. Prenez garde! On commence par tuer un civil, on finit par outrager un supérieur... Et c'est douze balles dans la peau.

— Jamais, répondirent les assassins, nous ne manquerons de respect au sergent.

— Je vous y engage... Et rompez! fit d'une voix un peu bourrue le colonel du conseil de guerre.

L'armée est une grande famille dont les civils ne font pas partie.

Civils et Incivils

Dans un pays où tout le monde — de force ou de bon gré — subit les trois ans de service, on s'étonnerait, à la longue, de voir la population se diviser en civils et en militaires. Puisque nous sommes tous soldats, aux heures de guerre — et même d'émeute, puisqu'en cette démocratie, quand un danger est à courir, tous les civils sont militaires, on voudrait bien que les militaires soient, en temps de paix, un peu civils.

Ils ne le veulent pas.

La gloire stricte des militaires est de n'être que des militaires.

Ces malheureux ne comprennent point que ça ne signifie plus rien.

Si l'honneur de l'armée le permet, on leur répètera donc qu'en cette nation armée le mot « militaire » est accidentellement applicable à trop de civils pour dénommer justement les professionnels qui, dans l'activité moderne, sont uniquement des porte-sabre.

Ces incomplets ne sont pas plus guerriers que les bonnetiers qui, l'instant venu, iront mourir aux frontières.

Ces entretenus de la paix, dans les villes de garnison, préparent mieux le pernod que la revanche.

Ces réformés de la vie civique ont cependant un trait marquant : le mépris du civil ; un mépris tel que tuer un pékin leur semble, nous venons de le voir, infiniment moins délictueux que ne pas saluer un adjudant ; un si souverain dédain que nous ne pouvons faire vingt-huit jours sans subir l'éclaboussure de leur esprit de supérieur :

— Eh ! là, disent-ils au réserviste, qu'est-ce que vous fichez de votre métier ?

— Pardon, mon lieutenant...

— Je m'en fous !

C'est franc. C'est martial. Rataplan-planplan. D'un côté, il y a les Civils.

De l'autre, les Incivils.

Dans le Sanctuaire

Les « Incivils » des conseils de guerre exigent d'ailleurs, de la part des clients de leur Tourniquet, la plus extrême politesse.

Un soldat nommé Benoît se défendait, la semaine dernière, devant le Conseil de Grenoble. Ce Benoît était inculpé d'évasion de la salle de police. Comme le président lui criait, affectant de ne point écouter :

— Allez-vous bientôt vous taire ?

— Pas avant, répondit le soldat poussé à bout, pas avant d'avoir demandé que l'on vous accorde une seconde décoration pour tous les crimes que vous commettez dans ce sanctuaire.

Cette phrase ne valut à Benoît que six petites années de travaux publics.

Vive l'Armée !

On le constate : les conseils de guerre s'humanisent.

Ne viennent-ils pas de laver de toute suspicion le commandant Esterhazy, pour les raisons mêmes qui, autrefois, firent frapper le capitaine Dreyfus ?

La connaissance des langues étrangères, les belles notes de la cote d'amour sont alternativement appréciées dans un sens favorable ou louche.

Je ne parle pas du bordereau parce que tous les bertillons, tous les experts qui se prononcent me semblent d'étranges maniaques — ou des savants de préfecture.

Quelques-uns disent : oui. D'autres : non. Mais la plupart disent : oui et non.

Il en résulte, à la poussette, condamnation ou acquittement.

C'est tant mieux ! pour le commandant. Dès qu'un homme est sous le coup de la loi, je souhaite qu'il s'en tire. C'est tant pis ! pour le capitaine qui, j'imagine, eût été mieux inspiré de tenter l'évasion sans bruit.

Coupable ou non, il est dangereux d'en rappeler au conseil de guerre.

Ces tribunaux ne se déjugent pas.

S'il s'agissait de magistrats de carrière, on pourrait espérer qu'après leur mort — trente ans après, en moyenne — leurs successeurs daigneraient revoir impartialement le dossier.

Il y a des exemples.

Il n'y en a pas avec des juges militaires.

Ceux-ci n'avouèrent jamais d'erreur. De là leur vient précisément cette superbe réputation qu'ils partagent avec le pape :

Tous ces messieurs sont infaillibles.

A l'occasion, des officiers peuvent trahir. C'est vous qui le dites ! Ils assassinent comme Anastay. Ils volent comme les deux lieutenants que la presse nommait le mois passé. A part ça, ils sont infaillibles...

Le bizarre de l'anecdote, c'est que les purs soutiens d'Esterhazy et les passionnés défenseurs de Dreyfus choisissent cet instant critique pour nous édifier, tour à tour, par d'enthousiastes génuflexions :

— Vive l'armée ! clament les uns, le capitaine Dreyfus est un traître.

— Vive l'armée ! répliquent les autres, le commandant Esterhazy est une fripouille.

— Vive l'armée ! reprennent les premiers, le colonel Picquart est l'avant-dernière des canailles.

Et la discussion continue...

La Découverte du Huis-Clos

Sans suivre dans tous ses méandres l'affaire d'actualité, nous nous féliciterons du moins qu'elle ait attiré l'attention sur une chausse-trape de la loi, qu'elle ait fait découvrir en somme les étouffements du huis-clos.

Je vous abandonne le capitaine, je vous laisse aux ongles, s'il le faut, le ministre de la guerre lui-même, que les flagorneurs de l'armée outragent de la pire façon : la question est autre maintenant.

C'est le huis-clos.

Le huis-clos, le passage à tabac, l'esquintement à la muette qui parut trop longtemps bénin quand les personnes qu'on esquintait étaient bâillonnées seulement pour des délits d'opinion.

Des philosophes le connaissent. Des hommes d'action l'ont souffert. Est-ce plus grave quand des militaires se crêpent la crinière entre eux ?

Où est mon casque ! En quittant le service, je l'ai accroché à un clou, près du paquetage, avec quelques illusions, les illusions des dix-huit ans, quand on s'engage, fuyant le collège — cette autre chiourme.

Qui donc regrette de n'être plus soldat ? Silence ! blagueurs... ou rengagez !

Je tolère le huis-clos militaire. Il y a tant de choses à cacher, sans parler de notre espionnage national. Mais puisque le peuple de France plébiscite sur ce détail, il faut qu'une trace en reste.

Tout le monde est d'accord sur un point. Il n'y a pas de voix discordantes. Quand les secrets de l'état-major et quelques salauderies de mœurs ne sont pas en jeu, il faut de la lumière. On demande des lustres. La presse veut qu'on éclaire...

Eh bien ! je le demande à mon tour, quel est le parti politique qui fera porter son effort sur l'abrogation du huis-clos pour les délits dits « anarchistes » ?

A la veille des élections, il est au moins un parti qui doit, ne serait-ce que pour la forme, tenter d'élargir le débat. Un petit geste est obligatoire, ne fût-il pas de franc-cœur, ne demeurât-il qu'esquissé : la parole est aux socialistes.

Ça n'engage à rien ; guide à gauche ! L'Affaire à répétition permet cinq minutes d'entr'acte.

Améric Vespuce de Prison

Pendant ce temps d'autres pionniers découvraient les prisons de la Seine.

Tous ces messieurs du Panama, à peine au sortir de la geôle, au lendemain de leur acquittement, signaient une lettre collective où ils indiquaient que la prison est un séjour peu cordial.

Ils ajoutaient leur mépris pour l'instruction obligatoire à la mode Le Poittevine.

Et, dans le passage que je guillemette, ils se rendaient compte, enfin ! de quelques vérités élémentaires :

« Au milieu de tous les chagrins, de toutes les souffrances que nous avons dû subir, une pensée nous console. C'est que le spectacle écœurant auquel nous venons d'assister n'aura pas été complètement inutile. Quelle admirable leçon de choses, de nature à montrer aux yeux de tous ce que c'est que la magistrature, combien elle appelle des réformes profondes et quelles dérisoires garanties elle présente aux citoyens !

« Que reste-t-il du sentiment de la justice ? Quelle protection peuvent attendre les faibles ?

« Si, au lieu d'hommes publics, habitués à la parole et soutenus par d'admirables défenseurs, il s'était agi d'humbles citoyens, qui peut dire ce qui serait advenu ? »

Oh ! c'est facile. Nous pouvons le dire. Là aussi, il y a des tarifs.

Voler une chaussure, un pain : **prison.**

Pas de domicile, vagabondage : **prison.**

Prison, prison, relégation, c'est pour les petits, c'est pour les faibles, les sans-gîte, les malchanceux, **prison, prison, maison centrale.**

Quant aux chéquards, aux marchands de vote — s'il y en avait jamais en France — je parie qu'on les acquitterait.

Baïhaut, pour se faire condamner, dut fomenter de basses intrigues.

Estudiantina

On se jeta sur Baïhaut, naïf et désemparé, comme de courageux citoyens, à propos de l'affaire Dreyfus, assomment un boutiquier juif.

C'est toujours la même aventure : dès qu'un pauvre diable est sans défense, il y a des braves qui se révèlent. Dans les bagarres, quand on trébuche, les talons de bottes frappent à la tête.

Essayer d'arracher aux foules une des victimes de leur lynchage déchaîne des colères de bêtes auxquelles on enlève la proie.

Rien n'apparaît plus écœurant que la ruée de ces galopins se mettant à cinq ou six cents pour conspuer les hommes qui osent. On dit que dans ce tas hurleur se comptent des étudiants.

Le contraire me surprendrait.

Tous les apprentis-huissiers, fils d'huissiers, les sous-notaires, putois, bourgeois comme père et mère, chassent de race et gueulent d'ensemble.

Les alcooliques des Tire-Cu, cannes d'entraînement et dents cariées, ont des moulinets hardis quand ils sont soixante contre un. Tous les Cyrano de brasseries, avant de retourner à Bergerac, rêvent d'épater les parisiens...

Les électeurs de Meudon qui, l'autre jour, massacrèrent un vieux cocher, étaient peut-être dirigés par quelque employé de l'octroi qui étudia au Boul'Mich. Le vieux cocher s'appelait Carrara comme le célèbre champignonniste. Il n'en fallut pas davantage pour que la population, après l'avoir injurié, le rouât de coups si copieusement que le malheureux est, aujourd'hui, mourant sur un lit d'hospice...

Avec un entrain comparable à celui de soldats en bordée maniant le coupe-choux contre un civil, tous les costauds du bas Meudon et du quartier des Écoles agissent sans penser à mal.

Ainsi la jeune France s'amuse.

Les bacheliers donnent le ton; regardez-les! c'est un monôme — les étudiants fêtent, ce soir, je ne sais quelle promotion qui assure à la patrie un lot de futurs magistrats ou de prochains officiers..., donc ils chantent des refrains obscènes, poussent des cris d'animaux et, marchant en file indienne, s'en prennent sauvagement à des femmes, à des jeunes filles qui rentrent tranquilles chez elles. Le monôme devient une ronde, une ruée anonyme : vingt mains farfouillent aux jupes, pincent les jambes... on rigole!

Dans le joyeux pays Latin, le droit s'apprend dans la rue. Les thèses des étudiants fourmillent d'arguments touchants. Avant de porter le bonnet de juge, les clercs portent leur berret comme les souteneurs, en banlieue, savent honorer la casquette.

Les moutons
de Boisdeffre

La voiture d'Emile Zola, c'était un coupé... (Mort aux Juifs!), fit tirer fortement la langue aux chiens de race antisémite. Quinze jours durant, bassets, bouledogues, levrettes en pann'tot jappèrent, à travers la ville, pistant la voiture rapide.

Il y eut aussi, derrière les roues, sous l'éclaboussure du ruisseau, tout un endeuillement de cocardes.

Les rudes compaings qui se distinguèrent par l'endurance de leur rate avaient, dans le pas gymnastique, quelque chose de militaire : ils obéissaient au sifflet. A bas Zola ! A bas Zola ! Vestons serrés à la taille, collets droits, allure dolman, de ci, de là, médailles coloniales, on sentait qu'on prenait ses places pour entrer à la préfecture. Tous les postulants policiers donnaient comme un seul sergot.

Les couloirs du palais de justice, transformés en chenil de luxe, abritaient, avant le lâcher, les cabots savants de la meute. On vit Thiébaud, l'indicateur, aboyant ses dénonciations et désignant, à la sortie, tels témoins aux fureurs des foules. On entendit Max Régis, le jeune chacal algérien...

Ah ! ce n'était plus l'affaire Dreyfus.

Le capitaine est bien où il est...

On lui enverrait — même illégalement — Joseph Reinach, Yves Guyot et le général de Galliffet, pour faire les quatre à la manille, que j'applaudirais davantage aux gaîtés de la chose jugée.

Que tous les souteneurs de la loi, ex-membres des conseils de guerre et des conseils de ministres, les fusilleurs de petits soldats et les mitrailleurs de peuple, que les politiciens durs aux humbles dégustent, dans des chocs en retour, tous les coups de férules des lois.

Les lois, c'est eux qui les ont faites.

C'est eux qui les ont appliquées.

Elles furent, en leurs poings gantés, des cravaches contre les gueux — des cravaches et des casse-tête.

Les magistrats, les policiers, les militaires, peuvent donc se gourmer entre eux, comme des complices se prennent aux crins. Ils peuvent se cogner, se tendre des pièges en biaisant avec tous les codes. Ils peuvent nous donner le spectacle de se malmener en famille — et jusqu'à ce que bagne s'en suive.

Le jeu nous plaît.

A tous coups l'on gagne.

Est-ce que de vulgaires civils ont à risquer leur avis, quand des officiers, des demi-dieux! se disqualifient les uns les autres avec l'entrain qu'ils y mettent?

Hip! Hoch! Bravo! Allez messieurs! Tout et vite. On prend des notes. C'est instructif — pour ceux qui ne savaient déjà.

Alors, vous dites qu'au service de l'état-major, au bureau même des renseignements, s'assaisonnent d'étranges popotes? Des pièces s'y fabriquent, d'autres filent, filent, filent que des dames voilées rapportent.

Il n'y a qu'un huis qui n'est pas clos — et c'est l'huis du ministère!

Le chef accuse ses subordonnés. Les subordonnés répliquent. Les aménités s'entrecroisent. On s'épie. On se dénonce.

Les fuites continuent...

Les défenseurs de l'armée prétendent que le ministre de la guerre a touché de l'argent des juifs. A qui se fier? Et c'est en un pareil moment que d'autres généraux interviennent pour poser la question de confiance :

— Si vous ne nous acclamez pas, déclarent-ils sans ambages au peuple, demain, lors des prochaines batailles, vous irez tous à la boucherie !

Les mauvais bergers phraseurs, dont la houlette est un sabre, ont des visions d'abattoir.

Vers quoi donc les trois étoiles de ces mages pessimistes conduiraient-elles le troupeau ?

La Boucherie est la perspective que nous offrent, d'un geste coupant, les gonses de l'état-major.

Et le troupeau bêle des vivats !

Nous sommes les moutons de Boisdeffre.

Non, ce n'est plus l'affaire Dreyfus, ni même le procès Zola. L'audace d'un écrivain a mis une plume sur la plaie :

Chancre militaire induré.

Déjà, dans le sang du peuple, le virus travaille et ronge.

D'ignobles brutalités se commettent à la gloire du sabre. Vingt poings martellent chevaleresquement le crâne d'un protestataire.

On assomme, dans les petites rues, les nez qui

ne sont pas en trompette, — pas en trompette militaire. On hurle : A mort ! A mort ! A mort ! On prend la revanche de Sedan en esquintant des Alsaciens qui croient que leurs compatriotes, le sénateur Scheurer-Kestner et le lieutenant-colonel Picquart ne sont pas les agents de l'Allemagne...

On devient fou.

On devient lâche.

Des bandes s'organisent et fonctionnent.

On se rue, comme en pays conquis, sur l'isolé, sur le suspect — celui qui ne crie pas : Vive l'armée !

Or, Vive l'armée, on nous l'a dit, on l'a inscrit en manchette dans des journaux tricolores, cela signifie d'abord ; A bas la république !

Ce ne serait rien si ce n'était que ça.

Mais qu'en pensez-vous tout de même, gens de la Commune, hommes d'émeute, qui ne vous convertîtes point, sur le tard, au culte de la soldatesque ?

Vieilles barbes de 71, je crois que vous voilà rasées !

Votre république n'était pas viable. Elle portait son germe de mort dans quelques préjugés chauvins, dans quelques graines d'épinards...

Bancroche et malvenue, s'appuyant sur le militarisme, la fille Marianne, au retour d'âge, devait crever sous les coups de son Alphonse en képi.

Ce n'est pas d'aujourd'hui que nous le savons. Nous ne sommes pas seuls à le comprendre. Ecoutez ces mots de clarté, crépitant comme feux de peloton. Ce sont les amis de l'armée, les ennemis de la liberté qui les prononcent. Ecoutez-les. Je cite une feuille cocardière :

« Logiquement, fatalement, que ce soit tôt ou tard, dans l'avenir comme dans le passé, l'armée est appelée à supprimer la République et à fusiller les républicains. »

Bonnes gens de la république, triples benêts de la Troisième, vous avez déjà le bandeau — et l'on arme les fusils.

Le morne régime actuel, la République parlementaire, garde, à son actif, trop de vilenies, pour ne pas nous trouver passifs quand elle geindra : au secours !

Ce n'est pas pour elle que nous luttons.

On la laisserait volontiers finir sous l'éperon des bottes. On ne tenterait même point de lui rappeler le coup du père François qui la guette, si ce ne semblait être, en outre, le coup des pères de l'Assomption.

Cette alliance déjà couronnée de la culotte rouge et de la robe noire est le mariage imminent dont il sied de publier les bans...

Le peuple paiera les frais de la noce.

Des feux de joie l'annoncent partout. On brûle des journaux à Paris. On fait des auto-da-fé de livres. La province dresse des bûchers pour y rôtir des mannequins représentant les hérétiques, fléaux de Dieu et des lois.

Il faut que la foi soit une force.

Car ces mannequins sont en paille, et les indigènes de Rennes, de Bourges ou de Montpellier sacrifient, aux flammes vengeresses, une provende qui conviendrait si bien à leurs maxillaires.

Les pratiques du moyen-âge vont-elles redevenir de mode?

On le souhaite sans l'espérer. Dans les petites villes, le curé le chuchote aux dames des officiers. Dans le faubourg noble, au dessert, on parle de la Saint-Barthélemy entre le fromage — et les poires.

Comptez là-dessus et buvez sec!

Ce n'est rien de casser la vitrine de quelque magasin juif. La présence, en nos murs, de Max, terrible recordman d'Alger, stimula peut-être l'ardeur des néophytes parisiens. Ils ont pu, dans ces jours troublés, démolir, rue des Rosiers, la devanture d'une fabrique exploitée par un patron juif. Ils ont eu loisir, à coups de briques, de blesser une vieille cuisinière. Ce sont là lauriers d'office — laurier et thym, quatre épices.

Mais il est de solides gaillards qui, si le mouvement se propageait, rendraient visite à d'autres comptoirs sans souci de race ou de confession.

Qui donc affirmerait que la Prochaine, la vraie, celle des maigres diables, ne résultera pas tout à coup d'une étincelle antisémite ?

On ne fera pas la part du feu.

Voilà pourquoi, malgré tout, l'heure présente est bonne à vivre.

Nous ne craignons pas l'Aventure.

Sans plus être dupe des formules, nous savons où campe l'ennemi. N'importe quel fait social le redit d'ailleurs — et précise.

La condamnation de Zola, accueillie par des hourras et des hurlements de lyncheurs, a rappelé le touchant accord des gens d'église et de caserne.

Tous les faux nez, tous les faux frères, les bravaches et les jésuites, à défaut de généraux de brigade, acclament les brigades centrales...

C'est la saoulerie de l'uniforme, une nostalgie de servage. La France de ces lascars-là est une France inattendue. Ce n'est pas la rebelle cavale

<blockquote>Sans frein d'acier ni rênes d'or.</blockquote>

C'est une grenouille qu'on amorce avec un fond de culotte rouge.

Mort-aux-Vaches

CONSIDÉRATIONS A PROPOS DE L'AGENT RODOT DIT " MORT-AUX-VACHES "

En annonçant l'imminente mise en liberté de Monsieur Rodot, agent de police et tueur de filles, les journaux d'hier n'ont donné qu'une information incomplète.

Dès sa sortie de Mazas, l'assassin de Maria Jouin est, en effet, décidé à profiter de la notoriété qui s'attache à son cas pour fonder, en Montmartre, un cabaret artistique.

Il nous manquait.

Monsieur Rodot est un type. Bruant n'a qu'à bien se tenir. Rodot est homme à s'imposer des sacrifices : le bock ne coûtera que 60 centimes, et l'on ne se contentera pas d'engueuler le client. On le poussera, le bousculera, on lui cognera sur le museau. Tous les gens du monde viendront...

Et pour faire la pige totale à l'auteur des *Bas-Fonds de Paris* qui, dans la rédaction de ses romans, opère rarement lui-même, Rodot contera, au champagne, les drames qu'il aura vécus.

— Or ça, clamera-t-il, Messeigneurs, nobles pantes et belles gonzesses, on va vous la redire, l'histoire, la petite histoire de la petite fille que j'escoftiai, voici quinze ans, dans sa petite chambre... tout près d'ici!

Monsieur Rodot a de belles manières : agent de police, il fréquenta l'Elysée où il était spécialement chargé de veiller à la sécurité du chef de l'Etat.

Il fut le protecteur de Grévy.

Il empêcha les méchants de dévisser subrepticement la queue de billard présidentielle.

Cela, c'était son travail de jour.

La nuit, il la consacrait à ses affaires personnelles. Il donnait quelques rendez-vous.

Au contact de M. Wilson, il était devenu tellement distingué qu'il inspirait toute confiance aux dames de la rue Condorcet. On lui donnait la clef de la chambre.

Et, quand sonnait l'heure du Berger, il opérait absolument de la même façon que Vacher.

De plus, il volait ce qu'il pouvait.

On a de l'ordre dans la police.

Rodot ne laissait rien traîner. Au petit jour, lorsqu'il quittait la chambre où il avait tué, il emportait, à défaut de louis, les menus bijoux d'une bienheureuse.

Puis il allait, d'un pas léger, reprotéger le chef de l'État.

Dire que si ce serviteur vigilant, ce retrousseur, ce détrousseur n'eût plus tard démissionné, il aurait protégé, peut-être, l'austère Carnot lui-même...

L'Histoire était modifiée.

Il eût épargné des larmes. Mais nous ne connaîtrions pas le sourire de Félix Faure...

Souvent, à ses camarades, qui, avec lui, veillaient sur l'Auguste, Rodot montrait orgueilleusement une bague d'or, un porte-carte aux initiales d'argent incrusté.

Ce n'était jamais ses initiales.

— Encore un présent de ma maîtresse, lançait-il négligemment.

On est fier dans la police.

Tous les copains le jalousaient. Et seuls, les

agents des mœurs semblaient être, autant que Rodot, les favoris de ces demoiselles.

Comment ce lapin fut-il pincé ?

La jalousie ! La rouge jalousie déjà indiquée. Un confrère, un autre agent, un envieux apprenant, par les journaux, les détails d'un crime récent, l'assassinat de Marie Bigot, rue Pierre le Grand, compara ces détails à ceux du meurtre de Maria Jouin que son meurtrier avéré, le brillant collègue Rodot, démissionnaire à présent, lui avait maintes fois confiés depuis une quinzaine d'années.

Ah ! le gaillard persévérait.

Le confident de la première heure sentit alors naître des scrupules — les scrupules de la quinzième année ! Il avait peut-être eu tort de se taire. Une lettre partit toute seule...

Rodot était dénoncé.

Arrestation. Mazas. Interrogatoire chez le juge d'instruction. Confrontation avec une concierge sourde et un pipelet presque aveugle, couple vaudevillesque qu'un propriétaire, capitaliste sagace, avait choisi pour la bonne tenue d'une de ses maisons meublées...

La concierge n'avait rien entendu.

Le pipelet n'avait rien vu.

pas de preuves. Rodot triomphe. Mais comme il est joli joueur :

— Je dirai tout, daigne-t-il expliquer au juge, ne me parlez plus de Marie Bigot. C'est une affaire trop récente. Les passions sont encore trop surexcitées. D'ailleurs je n'y suis pour rien. Causons de Maria Jouin, je préfère. Vous le verrez, je suis loyal : eh bien! oui, c'est moi qui l'ai tuée. La pauvre! c'est à coups de mailloche... j'ai frappé au moins vingt fois sur son crâne aux longs cheveux roux, et puis j'ai serré son cou...

— Continuez, continuez, fait le juge, Rodot, vous m'intéressez.

— J'aurai tout dit en ajoutant qu'en raison même de mes aveux et de ma bonne volonté vous devez immédiatement me faire remettre en liberté et me rendre à mes chères études.

— N'allez-vous pas un peu vite?

— Non, monsieur le juge, je connais la loi, je respecte la Loi, moi, monsieur. J'ai tué, c'est vrai; mais il y a plus de dix ans! Ça n'y vous regarde plus. Il y a prescription... Prescription, j'en appelle au code. Je me réclame de mon bon droit. Rayez l'affaire : on ne réchauffe point ces plats froids... Vive la Justice! Donnez des ordres...

Et voici pourquoi le Parquet fait annoncer par

ses gazettes que l'ex-agent de police Rodot va nous revenir de Mazas.

Par ces temps, où la Chose Jugée ne se doit pas discuter, il est bon de causer, entre hommes, d'une chose qu'on ne jugera pas.

Notre société conventionnelle n'apparut peut-être jamais en plus imbécile posture.

Donc un traîne-loques, tout à l'heure, pour s'être approprié une cotte à la devanture provocatrice des riches et grands magasins, subira la condamnation à des années de maison centrale, tandis que l'assassin, le voleur, le policier, l'homme d'ordre, le vieux bandit pourra sourire en racontant son aventure à la terrasse des cafés.

Il y a prescription!

Quel dommage pour ce brave Vacher de s'être fait connaître trop tôt. Dix ans après, ce sous-off n'eût pas été inquiété.

J'aime l'ironie de cette situation.

On expédie les affaires courantes. On condamne à la relégation — c'est-à-dire pour toute la vie — un homme coupable uniquement d'avoir écrit un article dans un journal de combat.

Quant à Pranzini, à Prado, avec un peu plus de prudence, ils eussent, vers quarante ans, par un riche mariage, enterré leur vie de garçon — et pas dans les bras de la Veuve.

La prescription! mais c'est superbe. C'est l'indulgence plénière.

C'est la Répression qui n'ose plus.

Le « Droit de punir » chancelle.

Comment condamner des gens à plus de dix ans d'emprisonnement si, passé ce terme fatidique, hors les geôles et loin de Deibler, on reconnaît que les contumaces — avec leurs économies, peuvent se refaire une honnêteté?

La Vie redresse comme elle tord.

Anastay se serait amendé... bien qu'officier, c'était possible.

Parmi la douzaine de filles tuées, en ces dernières années, dont on ne trouva pas l'assassin ou pour lesquelles peut-être on guillotina quelqu'innocent, combien furent frappées par le diligent policier? On ne le saura sans doute qu'à l'époque des successives prescriptions.

Mais tout se tient. Tout est dans tout. La correspondance saisie chez Rodot a permis non pas de prouver qu'il était l'auteur de la mort de Marie Bigot, de Louise Lamier et des autres; mais de se rendre compte du procédé qu'il employait couramment pour entrer en relations avec de pauvres diablesses — des filles, comme on les appelle.

Et, là, M. Fernand Xau intervient.

Le directeur du *Journal* est méconnu comme homme de lettres : on oublie la correspondance qu'il édite hebdomadairement. Ce n'est pas une page d'amour; mais bien trois pages de folles annonces où l'oncle réclame la tante, où des petites femmes très bien disent ce qu'elles valent à de vieux messieurs, où de jeunes marcheurs s'entraînent pour s'offrir à dame aisée, où tous les chantages se préparent, et où se trament, éventuellement, de forts galants assassinats.

Sans exciper de l'honneur d'être le collaborateur de Barrès, Rodot rédigeait souvent, dans cette partie du *Journal*, quelques phrases définitives. A son domicile, on retrouva plus de cent missives reçues par lui à la suite des alléchantes annonces qu'il insérait périodiquement dans cette feuille-Tellier.

— Venez chez moi, répondaient les belles, puisque vous êtes généreux, discret, venez chez moi, noble étranger; je me parerai pour vous plaire du peu qu'il me reste, hélas! des bijoux de notre famille. Je suis veuve d'un colonel... Viens, mon gros; mais que personne ne le sache.

Il faut reconnaître que Rodot était discret comme la tombe.

Bien qu'il y ait, au *Journal*, outre le service d'un bar, celui d'une poste restante, ce n'était pas chez Fernand Xau que l'ami Rodot recevait ses lettres. Il se les faisait adresser à une autre poste privée, à cette agence du passage de l'Opéra, dénommée l'Alibi-Office.

Tout le monde connaît, aujourd'hui, cette singulière agence postale dont le directeur, Ferret, touchait à la Préfecture. Moyennant une subvention, cet aimable homme communiquait à Puybaraud les lettres de ses clients.

Il est bien certain que si les fantaisies épistolaires de Rodot n'intriguèrent jamais les quart-d'œil, c'est que la police ne voulut pas se mêler des faits et gestes d'un confrère.

La franc-maçonnerie de la Casserolle est une institution nationale. Elle est peut-être même internationale. J'imagine que Jack l'Éventreur, l'insaisissable héros des ruelles de White Chapel, est un policeman anglais.

A moins que ce ne soit l'un de ces mouchards que la France entretient, à Londres, pour se promener dans Charlotte street...

Comme un flux, l'affaire Rodot ramène des épaves à la rive, des charognes et des débris. C'est le limon d'une Société. Lettres provenant d'agences louches, annonces de journaux littéraires — écume de presse et de police.

L'histoire de l'agent, fin matois qui écrivit en ex-libris sur l'un de ces feuilletons de chevet : « Jacques Rodot dit Mort-aux-Vaches », appelle aussi une autre histoire, celle de ce sergent de ville que le jury vient d'acquitter sans la plus petite hésitation.

Le gardien de la paix Lelièvre, encore un lapin de la botte, rencontrant dans un cabaret de la rue Turbigo une jeune femme qu'accompagnait son mari, un ouvrier, trouva plaisant d'éjaculer les plus ignobles propos. Badin, ainsi qu'on l'est dans le métier, il s'enhardit à ce point de prendre la jeune femme par la taille. Comme le mari intervenait, l'agent de l'autorité étendit le gêneur raide mort d'une balle de son revolver — de son revolver d'ordonnance.

Il n'avait tué qu'un maçon.

Cadavres de petites gens, vous pesez peu dans la balance !

Une fille de joie, un homme du peuple...

Messieurs de la Cour et du Jury ne s'irritent contre l'inculpé que s'il eût l'audace de s'attaquer à la propriété bourgeoise — au coffre-fort ou au dogme.

Les non-lieux dont il est question servaient, au contraire, avec zèle. Ils étaient les fidèles chiens de garde.

Ils n'ont mordu que chair de gueux.

S'il leur fut beaucoup pardonné, c'est qu'ils avaient beaucoup servi.

Le vieux serviteur Rodot qui a rougi sous le harnois aura sa légende un jour.

On lira sa vie dans les postes.

Le policier élyséen restera l'archétype du genre, une synthèse, un symbole... L'exécuteur des malheureuses se dévouait à l'Exécutif.

Le geste protège en haut, frappe en bas.

C'est le geste du Serviteur.

II

Une piquante coïncidence fait qu'au moment où les Lelièvre et les Rodot, les fines fleurs de la police, chevaliers des passages à tabac, tueurs d'un homme et de quelques femmes, sont l'un acquitté, l'autre relâché sans même un simulacre de jugement, à ce moment-là on va frapper un anarchiste qui s'en prit à des policiers.

Georges Etiévant, qui donna quelques coups de canif dans la tunique d'un sergent de ville et effleura d'un coup de pistolet l'oreille d'un second agent (les deux victimes se portent bien), va passer devant la cour d'assises.

On le condamnera à mort.

Ce n'est pas lui qui s'en plaindra. C'est évidemment ce qu'il souhaitait. Il expliquera pourquoi, comment, il choisit — pour son suicide — ce moyen-ci plutôt qu'un autre. Le fait est qu'il voulait mourir.

Une fois, la première et la dernière, la Société lui sera propice.

On avait rendu la vie d'Étiévant absolument impossible. On l'avait acculé strictement à toute solution brutale. C'est à lui que, pour un article de journal, on infligea la relégation. A Londres où il s'était réfugié et où il exerçait, non sans talent, sa profession de sculpteur, les persécutions des agents de la police française, toujours attachés à ses pas, lui firent perdre son travail.

Il ne voulut pas crever de la faim. Une pensée l'obséda sans doute...

Il voulut mourir en bataille.

Pour apprécier la pensée de cette jeune tête qu'on va trancher, il importe de lire une lettre qu'écrivait, de Londres, Étiévant. Certes, il ne songeait pas, à cette heure-là, au sergot qu'il égratigna. Songeait-il même à revenir en France ? Il pensait, il écrivait :

« ... Nous sommes ici de nombreux proscrits de tous pays convaincus du triomphe final de la Liberté, ayant fait déjà de grands sacrifices pour l'Idée, nous berçant de l'espoir de rendre service à la pauvre humanité se traînant douloureusement depuis tant de siècles, et pourtant je me prends à douter que nous ayons fait tout ce que nous aurions pu et par conséquent tout ce que nous aurions dû. N'eût-il pas mieux valu lutter jusqu'à la mort, là où le hasard de la naissance nous avait placé? et, plutôt que de fuir éperdument devant les menaces et les coups de l'autorité, n'eût-il pas mieux valu faire le sacrifice de notre vie? »

Les juges qui ont absous le sergent de ville assassin seront, logiquement, impitoyables pour l'assassin des sergents de ville — l'assassin qui ne tua personne.

Les notables parmi lesquels se recrutent tous les jurys vengeront leurs molosses battus. Ils ne créeront pas ce précédent d'excuser le gibier traqué...

Et d'ailleurs comprendraient-ils les paroles de l'Insoumis?

Ils ont rarement le libre esprit d'un bourgeois de ma connaissance. Comme ce bon bourgeois de Paris, souventes fois membre du jury, lisait la lettre d'Étiévant, il eut ces mots que je répète :

— Juré, j'acquitterais cet homme...

Le Candidat de " la feuille "

AUX URNES !

La période électorale est ouverte : steeple et concert, phrases et phraseurs — la période ! — période ronflante où roulent tous les airs connus.

Les notes graves des contrebasses opportunistes, la voix des fifres socialistes, le chapeau-chinois des radicaux qu'on joue des pieds et des mains, mènent le tapage raccrocheur qui fait renouveler les mandats.

C'est le prélude à grand orchestre — chant et chantage, boniments... On joue du Triangle et de la Croix.

Toutes les promesses sonnent au champ, et le tambour bat en ville. La peau d'âne antisémite rallie les enfants de la patrie : enfants de troupe et enfants de chœur.

Dans les collèges électoraux, boîtes à musique, conservatoires, l'accord est plus déconcertant : quand Marcel Sembat donne le La, André Vervoort lance le Do.

Bien que troublés, les électeurs s'apprêtent à reprendre au refrain. Sous la baguette des chefs d'orchestre, tous les votards donneront de la voix. Tant pis, s'ils ne chantent pas juste. Candidats! à vos trombones. Peuple souverain! attention... Nous rénoverons le parlement. Une, deux! une, deux! Peuple! aux urnes!.. Gauche, droite! c'est pour la République! Une, deux! gauche, droite! En mesure...

Et vous, les abstentionnistes! ceux qu'on ne fait point marcher au pas, au doigt, à l'œil et au bâton — attention! la mesure est pour rien...

Simples Réserves

J'avais toujours cru que l'abstention était le langage muet dont il convenait de se servir pour indiquer son mépris des lois et de leurs faiseurs.

Voter, me disais-je, c'est se rendre complice. On prend sa part des décisions. On les ratifie d'avance. On est de la bande et du troupeau.

Comment refuser de s'incliner devant la Chose légiférée si l'on accepte le principe de la loi brutale du nombre?

En ne votant pas, au contraire, il semble parfaitement logique de ne se soumettre jamais, de résister, de vivre en révolte.

On n'a pas signé au contrat.

En ne votant pas, on reste soi. On vit en homme que nul Tartempion ne doit se vanter de représenter.

On dédaigne Tartalacrème.

Alors seulement on est souverain, puisqu'on n'a pas biffé son droit, puisqu'on n'a délégué personne. On est maître de sa pensée, conscient d'une action directe.

On peut faire fi des parlottes.

On évite cette idiotie de s'affirmer contre le parlementarisme et d'élire, au même instant, les membres du parlement.

Je me garderai d'insister. Dans le peuple même on perd la foi : les derniers électeurs ricanent.

Le paysan renonce à implorer. L'ouvrier songe à d'autres moyens...

Rien de bon n'est sorti de l'Urne.

Jamais, pour cause de misère, il n'y eut autant de suicides. Qu'a-t-on fait contre le chômage ? Que n'a-t-on pas fait contre la pensée ? Lois d'exception, lois scélérates...

Bientôt, plus que le suffrage, le dégoût sera universel.

Je tiens pour prudent de décréter vite le fameux vote obligatoire. Sans cela, au vingtième siècle, je présume que les fonctionnaires seraient seuls en carte d'électeur.

Voterait, par ordre, l'état-major.

Voteraient aussi les magistrats, les recors et les gens de police.

L'Urne, dont rien n'est sorti de bon, serait la boîte à Pandore — le gendarme.

Candidatures et Candidatures

Ces observations courantes et quelques autres encore avaient suffi, jusqu'à ce jour, à m'éloigner de la sébile où les élus trouvent vingt-cinq francs. Je n'avais fait à aucun candidat l'aumône quêtée d'un bulletin.

J'avais tort.

Voici qu'on parle, fort à propos, des candidatures dites de protestation.

Il ne s'agit plus de nommer des politiciens ; les philosophes entrent en lice. L'horizon s'ouvre vers le pain gratuit. On manifeste pour l'amnistie. On se prononce contre les juifs. On plébiscite pour Dreyfus.

Les voilà bien, les idées générales !

C'en est fini des programmes. Millerand montre des plates-formes. Il n'est plus question de tréteaux...

La vérité est en marche. Si elle est lasse, avant l'étape, il est bon de lui offrir un siège.

On semble élire un député ; mais c'est l'Idée qui va s'asseoir.

Le Devoir des Bons Français

Un moment vient où l'on comprend l'œuvre que pourrait accomplir un parlement vraiment démocratique.

Une heure tinte — généralement celle où l'on pose sa candidature — une heure tinte, argentine, où l'on perçoit l'urgence de la politique en chambre de députés. Il y a sûrement belle besogne à faire au sein de la Chambre — ce sein que l'on ne savait voir.

Du haut de la tribune parlementaire, les mots acquièrent de la portée. Ils se répercutent jusqu'aux plus petits hameaux du pays.

Ils se commentent à l'étranger.

L'étranger guette. Ne l'oublions pas. Les bons Français ont un devoir :

Elire un parlement digne d'eux.

Des Hommes

Alors s'agite le problème d'une représentation véritablement nationale. Mais quels hommes sont qualifiés ? Quels citoyens faut-il choisir ?

Je cherche parmi les plus grands.

Millevoye, Déroulède hésitent... Et Rochefort, moins folle-avoine, se consacre à la vie de famille.

Il y a bien Edouard Drumond, inflexible comme au jeune temps; mais le Maître nous est ravi par des kabyles qui ne votent pas. Que n'est-il resté à Marseille où chantaient pour lui les poètes :

> Tes disciples formés à l'école du Maître,
> N'ignorent pas le dévouement ;
> Sur eux aucun point noir ne pourra jamais naitre :
> Ils l'ont promis par un serment.

Ah ! cette promesse... Ah ! ces points noirs... Drumond est parti quand même vers d'inquiétantes Casbahs.

Déjà l'Afrique acclame le Maître dont toutes les femmes baisent la main. Mais sera-t-il député d'Alger? C'est en arabe qu'on acclame, en espagnol, en maltais. Il y a des toasts italiens. Il y en a d'autres en petit nègre. On ne sait pas encore au juste ce que pensent les électeurs.

Toutefois on peut espérer. Le temps est beau. La physionomie du Maître, sa figure caractéristique, impressionne favorablement les anti-juifs clairvoyants. Dès qu'il paraît, c'est une clameur : Mort aux Youpins !...

L'écho répond : Vive Drumond !

Ce n'est que fleurs et que banquets, banquets en l'honneur du Maître. Les marabouts, familièrement, l'appellent Sidi Kouskous.

Le plus Digne

La conquête de quelques fiefs électoraux par tels ou tels chefs de partis serait d'ailleurs insuffisante pour modifier la situation. On rêve plutôt d'une sorte de boulangisme qui permettrait aux honnêtes gens de manifester à la fois, et sans la moindre ambiguïté, sur toute la surface du pays. On voudrait qu'un cri populaire résumât les aspirations, les colères, ou, tout au moins, les mépris d'une nation qu'on a trop bernée...

C'est pénétré de cette pensée que nous sommes allé, dans sa retraite, trouver un Maître auquel personne n'avait songé, un modeste dont personne pourtant ne niera la signification précise.

Aujourd'hui, l'honneur m'échoit de présenter ce maître au peuple.

On l'appelle Maître Aliboron. Ceci soit pris en bonne part. L'âne pour lequel je sollicite le suffrage de mes concitoyens est un compère des plus charmants, un âne loyal et bien ferré. Poil soyeux et fin jarret, belle voix.

Un âne, vous dis-je — quatre pattes et deux grandes oreilles. Un âne qui brait et doit penser, en voyant grouiller les bipèdes,

> ...les juges, les huissiers,
> Les clercs, les procureurs, les sergens, les greffiers :
> Ma foi, non plus que nous, l'homme n'est qu'une bête !

Un âne pas trop savant, un sage qui ne boit que de l'eau et reculerait devant un pot de vin.

A cela près, le type accompli d'un député majoritard.

Votez pour Lui !

Je n'aime pas flagorner le peuple. Voilà le candidat qu'il mérite. A Rome, aux jours de la décadence, la plèbe acclamait un cheval consul.

Le bourricot doit triompher en république opportuniste.

N'ai-je pas parlé de boulangisme ? Eh bien ! oui, un boulangisme, mais sans général à panache, sans cheval noir décoratif :

> C'est un âne, un âne, un âne,
> C'est un âne qu'il nous faut.

Et l'âne est prêt. Il va courir les réunions. On le verra dans les rues de Paris. Ses amis diront son programme, et les abstentionnistes eux-mêmes, pour une fois, s'en iront voter.

C'est un âne blanc.

Il se nomme Nul.

Les bulletins blancs, les bulletins nuls, compteront enfin — et seront comptés...

Tout à l'heure de grandes affiches inscriront sur les murailles le manifeste du candidat.

Un comité se constitue : des écrivains, des artistes, quelques orateurs des clubs. De précieux concours sont acquis. Que les Philistins se méfient :

L'Ane trotte vers le palais Bourbon.

Votez pour Lui !!

Un régime s'enterre gaîment.

Ce serait se tromper, en partie, que de croire à une plaisanterie, à quelque farce montmartroise.

Réactionnaires, conservateurs, socialistes désabusés, tous les lassés de cette république constituent une majorité qui peut, en souriant, s'exprimer.

Il faut voter pour l'âne Nul.

Nous ne nous faisons pas d'illusion : on empêchera notre élu de joindre l'écurie du quai d'Orsay. On le persécutera peut-être. La fourrière l'attend sans doute.

Mais nous verrons l'autorité dont jouira la

nouvelle Chambre, quand, à l'orateur faisant des effets de tribune, quelqu'un des galeries criera :

— Assez ! je demande la parole pour votre collègue l'Ane blanc.

Bombes Nationales

PERLE DES ANTILLES

La bombe lancée, lors de persécutions inoubliables, dans Barcelone en état de siège, quand passait, triomphant, le maréchal-garrotteur Campos, n'est certainement pas comparable à l'engin patriotique et national placé, en temps de paix, suivant les conseils du général Weyler, sous la coque d'un navire américain.

La petite marmite du général fit merveille.

Dans les eaux de Cuba, le *Maine* sauta mis en miettes. Deux cent cinquante matelots brûlés, déchiquetés, noyés... Du feu, du fer, le linceul des vagues. Un avertissement de l'Espagne :

Ici il y a des pièges à loup-de-mer.

Comme une nation avertie en vaut deux, il ne faut pas s'étonner de la prompte riposte américaine. Message du président, vote des chambres, ultimatum...

Les obusiers sont en batterie.

Et les obus s'en vont pleuvoir sur les ports ensoleillés. Américains et Espagnols tenteront de s'approcher des côtes où s'étagent les maisons blanches, où florissent des populations. Les bombes tomberont au hasard sur les villas et sur les cases, dans les faubourgs où les enfants jouent par les rues, sur les hôpitaux où les malades seront, d'un seul coup, guéris...

Ce sont les bombes civilisées.

Il y a un an, à cette époque, l'Espagne, la Catholique, faisait feu partout. A Barcelone, ce n'était pas encore le bûcher ; mais les fusillades crépitaient.

Le conseil de guerre, siégeant en permanence, exécutait sommairement dans les fossés de Montjuich. On torturait les prisonniers coupables d'une opinion. Les brodequins de l'Inquisition chaussaient les pieds de nouveaux martyrs.

On arrachait des ongles. On brûlait des chairs au fer rouge.

Des moines en cagoule circulaient avec des gendarmes, des officiers et des juges, allant de cellule en cellule questionner comme on questionnait au temps regretté de la Question.

Dans les colonies, là-bas, aux Philipines, à Cuba, la mère-patrie couvait ses petits.

Elle les couvait à petit feu.

On brûlait vif les irréguliers tombés aux mains des Espagnols, des réguliers, des séculiers. On réprimait les soulèvements des indigènes poussés à bout, pressurés d'impôts, mourant de faim, en les faisant mourir plus vite sous le sabre et sous le bâton. Dans les villages où, musique en tête, pénétrait l'Armée de la Reine, gisaient, après son passage, des cadavres de femmes violées...

Contre ses enfants rebelles, ses créoles, ses esclaves, ses nègres, l'Espagne chevaleresque développait allégrement ses qualités moyennâgeuses.

Qu'importaient les lois de la guerre ? ce code moderne de la boucherie puérile et honnête.

Il n'y a pas de droit de belligérance pour qui se révolte en son pays. Pas plus qu'avec les libres-penseurs, les républicains et autres anarchistes de la Métropole, l'Espagne traditionnelle et papaline ne se gênait avec les Cubains.

Quand on ne les rôtissait pas, on fusillait les prisonniers.

N'est-ce pas ainsi qu'on doit répondre à la guerre de partisans ?

Guerrilleros et flibustiers, les francs-tireurs de l'indépendance étaient bonne chair à supplice. Les Cubains le savaient si bien que ceux d'entre eux tombés, vivants, dans une embuscade, cherchaient un refuge dans le suicide.

Tue! Vive l'Espagne! Tue! para la Madona... Tue sans phrases. Pas de quartier pour les partisans — partisans de la Liberté.

L'Amérique s'émut.

On n'ignore pas comment s'émeuvent les Yankees. Car si l'Espagne est chevaleresque, les Américains sont philanthropes. Braves gens! Ils souffraient de voir la désolation répandue sur un pays voisin, sur un riche territoire si proche, sur la perle de toutes les Antilles.

Et puis ils avaient peut-être à faire oublier, par une intervention généreuse, quelques erreurs du temps passé? Ils songeaient sans doute à la façon plutôt radicale dont jadis ils traquaient le Peau-rouge dans les prairies du Farwest. Que de crimes odieux à racheter...

L'Américain est philanthrope!

On ne saurait trop le répéter : philanthrope et méthodiste.

Une conduite exemplaire, maintenant, une leçon d'humanité effacerait le souvenir tenace de ces massacres méthodiques de Pawnies,

d'Apaches, de Sioux, races éteintes, anéanties sous le fusil des anglo-saxons. On apaiserait, dans sa pirogue, sur les grands lacs, l'ombre du dernier des Mohicans.

L'Amérique fit donc à l'Espagne ce qu'en style diplomatique on nomme des représentations.

En style vulgaire on écrirait : l'Amérique joua la comédie.

Survint l'incident du *Maine* qui mit une étincelle aux poudres.

Cuba n'est plus dans la bagarre qu'une proie que deux peuples se disputent.

Les Etats-Unis avaient un moyen bien simple de démontrer, dès l'abord, la pureté de leurs intentions :

Spontanément, reconnaître Cuba libre.

Ils y ont pensé un peu tard. Le Sénat dit : oui. La Chambre ergote. Le Congrès cherche une formule. Les journaux ajoutent que d'ailleurs il s'agit, avant toute chose, de pacifier vigoureusement.

Ils parlent de la nécessité d'un gouvernement stable qui assurerait le « trafic »... On sent l'âpreté du mot : douanes, octrois et redevances.

Les philanthropes sous-entendent que, — seuls

— en fin de compte, ils seront capables de faire fructifier, dans l'île, ce gouvernement idéal.

La preuve se ferait à coups de canon.

Cuba, délivrée de l'Espagne, serait vassale des Etats-Unis.

Quant à la reine régente, à son brillant entourage de courtisans et de ministres, ils n'ignorent nullement que l'Espagne court vers une forte raclée.

Leur chevalerie qui sent le fagot, leur morgue peu majestueuse laisseraient, à ces hidalgos, une certaine prudence, s'ils ne savaient pertinemment que toute occasion sera bonne aux partis de l'opposition pour jeter bas leur royauté.

Une reculade aux Antilles, c'est, à Madrid, la révolution.

Par la force obscure des choses, les pseudo-maîtres de l'Espagne sont emportés malgré eux. Ils s'entêteront à faire valoir les droits illusoires qu'ils possèdent sur l'île lointaine qui les maudit.

Ils n'éviteront pas la raclée.

Eviteront-ils la Révolte ?

Couramment la révolution salua le retour des généraux qui laissèrent leur ferblanterie en prise à l'ennemi vainqueur.

L'éventualité est redoutable à ce point que les rois et les empereurs, bouchers dilettantes de peuples, n'osent plus lancer leurs bataillons.

Ils se méfient de leur bétail.

La guerre entraîne et déchaîne. On a reniflé l'odeur du sang. On s'est fait battre pour la princesse.

Le flingot sert pour la Commune.

Que la guerre éclate tout de suite, se prolonge ou non, ou bien soit remise, la question cubaine est de celles qu'une fois posées on n'élude plus.

Des hommes veulent s'affranchir.

Les insurgés cubains sont loin d'avoir la naïveté des Crétois de l'année dernière. Ces simples ne tentaient de secouer le joug du Sultan que pour devenir les sujets du bon prince Georges de Grèce.

Les Crétois demandaient un roi. Les Cubains ne demandent rien si ce n'est vivre libres sous le clair soleil.

Ils ont appris à mépriser les paroles vaines de la vieille Europe. Ils ont l'énergie robuste d'une Volonté qui va son chemin.

Des nations dites civilisées peuvent en appeler à la dynamite pour se disputer cette proie de luxe. Les obusiers, les mitrailleuses, peuvent tonner par delà les mers. Les bombes sacrées de la patrie peuvent tuer des femmes et des enfants...

L'Espagne peut froncer le sourcil, les États-Unis peuvent sourire, la perle jolie des Antilles est perle qu'on n'enfilera pas.

Aux Électeurs

ÉLECTEURS,

En me présentant à vos suffrages, je vous dois quelques mots. Les voici :

De vieille famille française, j'ose le dire, je suis un âne de race, un âne dans le beau sens du mot — quatre pattes et du poil partout.

Je m'appelle Nul, comme le sont mes concurrents les candidats.

Je suis blanc, comme le sont nombre de bulletins qu'on s'obstinait à ne pas compter et qui, maintenant, me reviendront.

Mon élection est assurée.

Vous comprendrez que je parle franc.

CITOYENS,

On vous trompe. On vous dit que la dernière Chambre **composée d'imbéciles et de filous** ne représentait pas la majorité des électeurs. C'est faux.

Une Chambre composée de députés jocrisses et de députés truqueurs représente, au contraire, à merveille **les Electeurs que vous êtes.** Ne protestez pas : une nation a les délégués qu'elle mérite.

Pourquoi les avez-vous nommés?

Vous ne vous gênez pas, entre vous, pour convenir que plus ça change et plus c'est la même chose, que vos élus se moquent de vous et ne songent qu'à leurs intérêts, à la gloriole ou à l'argent.

Pourquoi les renommerez-vous demain?

Vous savez très bien que tout un lot de ceux que vous enverrez siéger vendront leurs voix contre un chèque et feront le commerce des emplois, fonctions et bureaux de tabac.

Mais pour qui les bureaux de tabac, les places, les sinécures si ce n'est pour les **Comités** d'électeurs que l'on paye ainsi?

Les entraîneurs des Comités sont moins naïfs que le troupeau.

La Chambre représente l'ensemble.

Il faut des sots et des roublards, il faut un parlement de ganaches et de Robert Macaires pour personnifier à la fois tous les votards professionnels et les prolétaires déprimés.

Et ça, c'est vous!

On vous trompe, bons électeurs, on vous berne, on vous flagorne quand on vous dit que vous êtes beaux, que vous êtes la justice, le droit, la souveraineté nationale, le peuple-roi, des hommes libres. On cueille vos votes et c'est tout. Vous n'êtes que des fruits... **des Poires**.

On vous trompe encore. On vous dit que la France est toujours la France. Ce n'est pas vrai.

La France perd, de jour en jour, toute signification dans le monde — toute signification libérale. Ce n'est plus le peuple hardi, coureur de risques, semeur d'idées, briseur de culte. C'est une Marianne agenouillée devant le trône des autocrates. C'est **le caporalisme** renaissant plus hypocrite qu'en Allemagne — **une tonsure sous le képi**.

On vous trompe, on vous trompe sans cesse. On vous parle de fraternité, et jamais **la lutte pour le pain** ne fut plus âpre et meurtrière.

On vous parle de patriotisme, de patrimoine sacré — **à vous qui ne possédez rien**.

On vous parle de probité; et ce sont des écumeurs de presse, des journalistes à tout faire, maîtres fourbes ou maîtres chanteurs, qui chantent l'honneur national.

Les tenants de la République, les petits bourgeois, les petits seigneurs sont plus durs aux gueux que les maîtres des régimes anciens. **On vit sous l'œil des contremaîtres.**

Les ouvriers aveulis, les producteurs qui ne consomment pas, se contentent de ronger patiemment l'os sans moelle qu'on leur a jeté, l'os du suffrage universel. Et c'est pour des boniments, des discussions électorales qu'ils remuent encore la mâchoire — la mâchoire qui ne sait plus mordre.

Quand parfois des enfants du peuple secouent leur torpeur, ils se trouvent, **comme à Fourmies**, en face de notre vaillante Armée... Et le raisonnement des lebels leur met du plomb dans la tête.

La Justice est égale pour tous. Les honorables chéquards du Panama roulent carrosse et ne connaissent pas le cabriolet. Mais **les menottes** serrent les poignets des vieux ouvriers que l'on arrête comme vagabonds !

L'ignominie de l'heure présente est telle qu'aucun candidat n'ose défendre cette Société. Les politiciens bourgeoisants, réactionnaires ou ralliés, masques ou faux-nez républicains, vous crient qu'en votant pour eux ça marchera mieux, ça marchera bien. Ceux qui vous ont déjà tout pris vous demandent encore quelque chose :

Donnez vos voix, citoyens !

Les mendigots, les candidats, les tirelaines, les soutire-voix, ont tous un moyen spécial de faire et refaire **le Bien public.**

Ecoutez les braves ouvriers, les médicastres du parti : ils veulent conquérir les pouvoirs... afin de les mieux supprimer.

D'autres invoquent **la Révolution,** et ceux-là se trompent en vous trompant. Ce ne seront jamais des électeurs qui feront la Révolution. Le suffrage universel est créé précisément pour empêcher l'action virile. Charlot s'amuse à voter...

Et puis quand même quelque incident jetterait des hommes dans la rue, quand bien même, par un coup de force, une minorité ferait acte, qu'attendre ensuite et qu'espérer de la foule que nous voyons grouiller — **la foule lâche et sans pensée.**

Allez ! allez, gens de la foule ! Allez, électeurs ! aux urnes... Et ne vous plaignez plus. C'est assez. N'essayez pas d'apitoyer sur le sort que vous vous êtes fait. N'insultez pas, après coup, **les Maîtres** que vous vous donnez.

Ces Maîtres vous valent, s'ils vous volent. Ils valent, sans doute, davantage ; ils valent vingt-cinq francs par jour, sans compter les petits profits. Et c'est très bien:

L'Électeur n'est qu'un Candidat raté.

— Au peuple du bas de laine, petite épargne, petite espérance, petits commerçants rapaces, lourd populo domestiqué, il faut Parlement médiocre qui monnoie et qui synthétise **toute la vilenie nationale.**

Votez, électeurs ! Votez ! Le Parlement émane de vous. Une chose est parce qu'elle doit être, parce qu'elle ne peut pas être autrement. Faites la Chambre à votre image. Le chien retourne à son vomissement — retournez à vos députés...

CHERS ÉLECTEURS,

Finissons-en. Votez pour eux. Votez pour moi.

Je suis la Bête qu'il faudrait à la Belle Démocratie.

Votez tous pour l'Âne blanc Nul, dont les ruades sont plus françaises que les braiements patriotards.

Les rigolos, les faux bonshommes, le jeune parti de la vieille-garde : Vervoort, Millevoye, Drumont, Thiébaud, fleurs de fumier électoral, pousseront mieux sous mon crottin.

Votez pour eux. **votez pour moi !**

Il est 🫏 Élu

**Bonnes Gens de la Ville,
Électeurs,**

Écoutez l'édifiante histoire d'un joli petit âne blanc, candidat dans la Capitale. Ce n'est pas conte de mère l'Oie, ni récit de Petit Journal. C'est une histoire véridique pour les vieux gosses qui votent encore :

Un bourriquet, fils du pays de La Fontaine et de Rabelais, un âne si blanc que M. Vervoort en a mangé gloutonnement, briguait au jeu électoral un mandat de législateur. Le jour des élections venu, ce bourriquet, candidat-type, répondant au nom clair de Nul, fit une manœuvre de la dernière heure.

Par le chaud dimanche de mai où le peuple courait aux urnes, l'âne blanc, le candidat Nul, juché sur un char de triomphe et traîné par des électeurs, traversa Paris, sa bonne ville.

D'aplomb sur pattes, oreilles au vent, émergeant, fier, du véhicule bariolé de ses manifestes — du véhicule à forme d'urne! la tête haute entre le verre d'eau et la sonnette présidentielle, il passa parmi des colères et des bravos et des lazzis...

L'Ane vit Paris qui le regardait.

Paris! Le Paris qui vote, la cohue, le peuple souverain tous les quatre ans... Le peuple suffisamment nigaud pour croire que la souveraineté consiste à se nommer des maîtres.

Comme parqués devant les mairies, c'était des troupeaux d'électeurs, des hébétés, des fétichistes qui tenaient le petit bulletin par lequel ils disent : J'abdique.

Monsieur Un Tel les représentera. Il les représentera d'autant mieux qu'il ne représente aucune idée. Et ça ira! On fera des lois, on balancera des budgets. Les lois seront des chaînes de plus; les budgets, des impôts nouveaux...

Lentement, l'Ane parcourait les rues.

Sur son passage, les murailles se couvraient d'affiches que placardaient des membres de son comité, tandis que d'autres distribuaient ses proclamations à la foule :

« Réfléchissez, chers citoyens. Vous savez que
« vos élus vous trompent, vous ont trompés,
« vous tromperont — et pourtant vous allez
« voter... Votez donc pour moi! Nommez
« l'Ane!... On n'est pas plus bête que vous. »

Cette franchise, un peu brutale, n'était pas du goût de tout le monde.

— On nous insulte, hurlaient les uns.

— On ridiculise le suffrage universel, s'écriaient d'autres plus justement.

Quelqu'un tendit son poing vers l'âne, rageusement, et dit :

— Sale Juif!

Mais un rire fusait, sonore. On acclamait le candidat. Bravement l'électeur se moquait et de lui-même et de ses élus. Les chapeaux s'agitaient, les cannes. Des femmes ont jeté des fleurs...

L'Ane passait.

Il descendait du haut Montmartre, allant vers le Quartier Latin. Il traversa les grands boulevards, le Croissant où se cuisine, sans sel, l'ordinaire que vendent les gazettes. Il vit les Halles où des meurt-de-faim, des hommes du Peuple-Souverain, glanent dans des tas de détritus ; les Quais où des Electeurs élisent les ponts comme logis...

Cœur et Cerveau!... C'était Paris. C'était ça la Démocratie!

On est tous frères, vieux vagabonds! Plaignez le bourgeois! il a la goutte... et c'est votre frère, gens sans pain, homme sans travail et mère lasse qui, ce soir, rentrerez chez vous pour mourir avec les petits...

On est tous frères, jeune conscrit! C'est ton frère, l'officier, là-bas, corset de fille et front barré. Salue! Fixe! la main dans le rang... Le Code te guette — le Code militaire. Douze balles dans la peau pour un geste. C'est le tarif Républicain.

L'Ane arrivait devant le Sénat.

Il longea le Palais d'où le poste sortit en bousculade; il suivit extérieurement, hélas! les jardins trop verts. Puis ce fut le boulevard Saint-Michel. A la terrasse des cafés, des jeunes gens battaient des mains. La foule sans cesse grossissante s'arrachait les proclamations. Des étudiants s'attelaient au char, un professeur poussait aux roues...

Or, comme trois heures sonnaient, apparurent des gens de police.

Depuis dix heures du matin, de poste en commissariat, le télégraphe et le téléphone signalaient le passage étrange de l'animal subversif. L'ordre d'amener était lancé : Arrêtez l'Âne! Et, maintenant, les sergens du guet barraient la route au candidat.

Près de la place Saint-Michel, le fidèle comité de Nul fut sommé par la force armée de reconduire son client au plus proche commissariat. Naturellement le Comité passa outre — il passa la Seine. Et bientôt le char faisait halte devant le Palais de Justice.

Plus nombreux, les sergents de ville cernaient l'âne blanc, impassible. Le Candidat était arrêté à la porte de ce Palais de Justice d'où les députés, les chéquards, tous les grands voleurs sortent libres.

Parmi le flot populaire, le char avait des mouvements de roulis. Les agents, brigadier en tête, avaient saisi les brancards et s'étaient passé la bricole. Le Comité n'insistait plus : il harnachait les sergents de ville...

Ainsi fut lâché l'âne blanc par ses plus chauds

partisans. Tel un vulgaire politicien, l'animal avait mal tourné. La police le remorquait, l'Autorité guidait sa route... Dès cet instant, Nul n'était qu'un candidat officiel ! Ses amis ne le connaissaient plus. La porte de la Préfecture ouvrait ses larges battants — et l'âne entra comme chez lui.

... Aujourd'hui si nous en causons c'est pour faire remarquer au peuple, peuple de Paris et des Campagnes, ouvriers, paysans, bourgeois, fiers Citoyens, chers Seigneurs, c'est pour faire assavoir à tous que l'âne blanc Nul est élu. Il est élu à Paris. Il est élu en Province. Additionnez les bulletins blancs et comptez les bulletins nuls, ajoutez-y les abstentions, voix et silences qui normalement se réunissent pour signifier ou le dégoût ou le mépris. Un peu de statistique s'il vous plaît, et vous constaterez facilement que, dans toutes les circonscriptions, le monsieur proclamé frauduleusement député n'a pas le quart des suffrages. De là, pour les besoins de la cause, cette locution imbécile : Majorité relative — autant vaudrait dire que, la nuit, il fait jour relativement.

Aussi bien l'incohérent, le brutal Suffrage Universel qui ne repose que sur le nombre — et n'a pas même pour lui le nombre — périra dans le ridicule. A propos des élections de

France, les gazettes du monde entier ont, sans malice, rapproché les deux faits notoires de la journée :

« Dès le matin, vers neuf heures, M. Félix Faure allait voter. Dans l'après-midi, à trois heures, l'Ane blanc était arrêté. »

J'ai lu ça dans trois cents journaux. L'*Argus* et le *Courrier de la Presse* m'ont encombré de leurs coupures. Il y en avait en anglais, en valaque, en espagnol ; toujours pourtant je comprenais. — Chaque fois que je lisais Félix, j'étais sûr qu'on parlait de l'âne.

∿∿∿∿∿∿∿∿∿

NOTE DE L'ÉDITEUR. — Durant la période électorale l'afiche-programme fut réellement placardée sur les murailles, et le jour du scrutin le candidat satirique traversa réellement Paris, de Montmartre au quartier Latin, fendant la foule enthousiaste ou scandalisée qui manifestait bruyamment. Boulevard du Palais, l'âne fut dûment appréhendé par la police qui se mit en devoir de traîner son char pour le conduire en fourrière, et s'il n'y eut alors bagarre entre les partisans de l'Ane et les représentants de l'Ordre c'est bien, ainsi que le contèrent les journaux de l'époque, grâce au rédacteur de la *feuille* qui s'écria : — N'insistons pas, c'est maintenant un candidat officiel !

Le Papa de M. Judet

Grand reportage. — Premiers indices. — Quelle famille ! — Fils de ses œuvres. — Le « Petit Journal » — Les preuves.

Mon concierge, l'autre matin, eut avec le charbonnier, la crémière et le commissionnaire du coin une grande discussion de principes. Des éclats de voix montaient de la porte cochère. Je les entendais. Il s'agissait d'un secret de famille, d'une tache sinistre, d'une tare infâme... Il était question d'un écrivain populaire dont le père eut maille à partir avec les lois et les gendarmes. Le concierge disait :

— J'ai des preuves.

— C'est possible, ajoutait d'une voix plus blanche la crémière, mais le fils n'est pas responsable.

— Pour sûr, répliqua le charbonnier, mais, tout de même, rien qu'en lisant ses articles, moi qui vous parle je m'en suis douté.

Le charbonnier avait l'âme noire. Et, quand je

passai pour sortir, je vis que le commissionnaire brandissait le *Petit Journal*.

De qui parlaient-ils ?

Je me gardai de les interroger. Les indices étaient suffisants : d'abord le *Petit Journal*, et puis ces mots vingt fois redits « le grand écrivain populaire ». Plus de doute. Ce n'était pas Marinoni qui s'intitule modestement en tête de son *Petit Journal* : DIRECTEUR DE LA RÉDACTION. Ce n'était pas Francisque Sarcey, Kif Kif bourricot, Thomas Grimm. Parti Sarcey ! Vidé Thomas ! Malgré moi, un nom me hantait : je songeais au maître écrivain, populaire entre les plus grands, à Celui dont la pensée forte franchit les monts et les vals sur l'épaule des colporteurs. Je pensais au commis-rédacteur que sut recueillir Marinoni, au leader du *Petit Journal*, au ténor de la maison plus national que Paulus. Le nom m'obsédait, martelant :

Judet ! Judet ! Judet Ernest !...

Eh ! quoi Judet ? C'était lui.

Lui dont le père, peut-être, avait été condamné pour quelque dol ou larcin... Le concierge n'avait pas précisé. Et que m'importait ! Une grande pitié me vint pour le fils...

Pauvre Ernest ! Était-ce donc là l'explication

de maintes choses qui jusqu'alors m'avaient semblé extraordinaires ?

La bassesse populacière des articles du journaliste Judet ne s'expliquait pas totalement par l'absence de style et de tact. Le désir des faciles triomphes ne suffisait pas à ranger un homme jeune, un publiciste, toujours du côté du plus fort. La besogne coutumière de délation, le service d'agent amateur, n'avait pu être pris qu'à regret par l'écrivain si populaire...

Judet rachetait un passé.

Lequel ? Celui de son père ou de son grand-père ? Ou bien celui de son bisaïeul ?

Le zèle de Judet, dernier du nom, son entrain à ânonner les beautés du militarisme, l'indépendance des cours martiales, écarte tout de suite la pensée que ce soit le conseil de guerre qui condamna Judet, l'ancêtre.

On n'en reste pas moins surpris de voir un monsieur, dont les articles, en colonnes, sont pour soutenir la société, attaquer parfois âprement les arrêts de la justice civile.

Il y a, là, quelque chose de louche, un déséquilibre, une fêlure.

Le léchage assidu des bottes militaires par l'officieux de Marinoni ne saurait le passionner à ce point qu'il en oublie d'épousseter les robes de nos magistrats. Un officieux — dans le sens le plus domestique du mot — connaît l'ensemble de son service : il ne suffit pas de faire un bon pansage aux capitaines et commandants, il faut encore quelques égards pour les juges et les procureurs. Or, Judet, qui d'une langue agile fait reluire le cuir des bottes, Judet a la langue rugueuse quand il parle des juges civils. Récemment, à propos d'un arrêt de la Cour, il malmena de belle manière les magistrats de cassation. On sent percer une rancune.

Non ! ce n'est pas le conseil de guerre qui frappa jamais un Judet. Serait-ce une chambre correctionnelle ?

L'ancêtre — chien chasse de race ! — était-il policier vulgaire ? Induction ! Science ! Psychologie ! Déroba-t-il un porte-monnaie au cours d'une perquisition ? Fut-il poursuivi de ce chef ?

Je n'ai pas voulu le rechercher.

Je me serais tu si j'avais trouvé.

J'ai le dégoût des viles enquêtes par où se compliquent à plaisir les discussions les plus simples — et par où brille le *Petit Journal*.

Judet est fils de ses œuvres.

Et voici le *Petit Journal* :

C'est en effet Marinoni qui, pour établir péremptoirement que Dreyfus, capitaine, est traître, fait écrire par son Judet que le père d'Emile Zola fut officier et voleur.

Et l'on discute! On discute ça! Dans une réponse émue, Zola montre son père qu'une ville de France acclama comme bienfaiteur. Mais pourquoi ne s'en point tenir là? Pourquoi tomber dans le piège grossier? Pourquoi chercher? Pourquoi prouver? A quoi bon?

Pourquoi ne pas suivre l'exemple que donna, d'en haut, Félix Faure?

On lui dit aussi à lui (et là c'était pire, c'était sûr) que son beau-père était un voleur. C'était monnaie de polémique — le Président ne la rendit pas.

Pensez-vous que Marinoni accepterait de rechercher quel fut le passé de tous les siens? Pensez-vous qu'il remonterait loin dans les alliances de sa maison? Pensez-vous qu'il fouillerait les chartes et compulserait des dossiers si quelque vieil archiviste lui apprenait qu'en l'an de grâce 1317, sous le règne du bon roi Philippe, un Marinoni se mésallia avec une ribaude, célèbre sous le nom de Peau de Requin?..

C'est de Dreyfus que vous parliez, Messieurs.

Et c'est aussi d'Esterhazy.

Je veux vous ramener à vos moutons qui sont toujours ceux de Boisdeffre. Je le fais sans méchante humeur et sans la moindre arrière-pensée parce que cette affaire Dreyfus, cette éternelle question de la trahison et de l'espionnage dans l'armée, vous intéresse beaucoup plus que moi. Et parce que je tiens Esterhazy pour un gaillard qui parfois eut la phrase belle et le mot juste. Je vous l'abandonne comme commandant; mais je le retiens comme homme de lettres.

Je ne rappellerai que pour mémoire cette correspondance où, parlant de l'État-Major, il désigne « les grands chefs ignorants et poltrons ». Je ne citerai qu'en passant les termes de son mépris pour la populace patriotarde et hâbleuse qu'il voudrait chasser devant lui, dédaigneusement, « du bois de sa lance ». Ce sont de beaux cris de dégoût.

Le pamphlétaire militaire Esterhazy les connaît bien, et comme il les stigmatise, les gens de l'espèce de ceux qui lui font à présent la cour, comme il flétrit leurs procédés, « leurs petites lâchetés de femmes saoules. »

Petites lâchetés de femmes saoules! Croirait-on pas que c'est écrit pour qualifier, aujourd'hui, tous les ragots et les chichis des mômes Cancans du *Petit Journal?*

Oh! ces ragots. Oh! ces cancans... Judet! judas! judasseries... Il faut jeter le regard, une fois, sur le papier que Marinoni fait courir sur les rotatives dont il roula l'inventeur. Il faut lire le numéro du *Petit Journal* où le général de Loverdo bat le rappel des souvenirs séniles et ridiculise sa famille avec une inconscience folle. Ils ont connu le père de Zola :

> « ... Mon père, le premier général de Loverdo, était en Algérie... Je vis arriver chez ma mère un individu dont elle avait connu les parents à Venise... On l'invita à déjeuner, puis à dîner; il eut bientôt son couvert mis chez nous et vécut pendant plusieurs mois à notre table... Il s'appelait Zola... Nous n'étions parents à aucun titre... Mon père rentra en France et ne tarda pas à éliminer le dangereux parasite qui s'était installé chez lui. »

Installé chez lui ? Qu'est-ce à dire ? Passons à d'autres bagatelles.

> « Zola eut alors le toupet de réclamer à mon père 29 francs, prix d'une boîte de chalcographie qu'il avait donnée à ma sœur pour ses étrennes. Ce détail m'est resté dans la mémoire; il vous peint bien l'individu... »

Ah ! cette boîte de chalcographie... En voulez-vous des preuves ? En voilà ! Et comme je comprends Monsieur votre père, second général de Loverdo, car le général conclut ainsi :

> « Mon père avait défendu qu'on prononçât le nom de cet homme devant lui et si par hasard on y manquait, il prenait des colères terribles. »

Mais c'est un drame, général, encore un drame de famille, une tragédie... un vaudeville.

Alors, vraiment ? des colères terribles ?...

Et pour la boîte ?... Ah ! général, assez ! de grâce... N'accablez pas M. Zola. Rendez la boîte — ou fermez-la.

D'ailleurs il nous faut entendre, c'est le moment, d'autres voix. Que le général de Loverdo cède la parole aux Carrara!... M. et Mme Carrara, champignonnistes, et, s'il faut en croire les annuaires, légitimes descendants eux-mêmes d'un héroïque général; les Carrara qui de l'ancêtre — encore l'atavisme, dira-t-on — gardèrent le côté farouche et devinrent célèbres, en temps de paix.

Devant le jury de la cour d'assises, ils avouèrent l'origine fort simple du meurtre du garçon de recettes : l'idée leur en était venue à la lecture de ces feuilletons spéciaux, romans de police et de surin, où se débitent et se détaillent les recettes des boulevards du Crime.

Carrara lisait le *Petit Journal*.

Le soir, en famille, à la chandelle, le couple s'abrutissait sur les feuilletons d'assassinats et de guet-apens rédigés par les honnêtes gens qui moralisent la nation. Le dimanche venu, sans aucun doute, ils s'offraient le *Supplément Illustré*, cette annexe du *Petit Journal* où s'étalent d'une façon hideuse les scènes de meurtre — les scènes à faire — tachetées de rouge sanguinolent.

Voyez l'*Echo de la Roquette!*

Carrara n'est pas le seul homme qu'aura perdu le *Petit Journal*. Sans plus parler des assassins qui subirent la provocation par le roman et par l'image, il convient de citer la foule des humbles victimes qui sombrèrent dans le Panama.

Peu de riches y laissèrent de l'or. L'escroquerie était populaire. Les Robert Macaire de la combinaison avaient choisi particulièrement les Bertrand du *Petit Journal* pour chauffer l'affaire dans le peuple. Petits cultivateurs, petits rentiers, la clientèle de Marinoni, fut savamment exhortée à verser ses économies.

Tout le bas de laine y passa.

Je ne vais pas m'apitoyer sur le sort de ces petits capitalistes, de ces joueurs naïfs qu'on a volés; mais je veux noter que le compère qui leur conseillait de ponter se gardait bien d'y aller de sa mise. Le bonhomme, tout au contraire, sachant que l'affaire était mauvaise, imposait, pour la recommander, des tarifs de publicité comme il n'en osa jamais plus. De sorte que le *Petit Journal* mit des millions dans ses coffres, tandis qu'aux villages, aux hameaux, où sa propagande porta, un peu partout dans le pays, il y eut des ruines et des suicides...

On peut être fier au *Petit Journal*, fier de ses œuvres, fier de son papa — c'est une vertueuse maison que la maison du *Petit Journal*.

Et c'est une belle institution, solide et bien établie, usine de mensonges pour les simples, école primaire de calomnies — évangile de tous les lucres.

L'Etat c'est Lui, dans l'Etat. Il est arbitre d'opinion. C'est le rempart des préjugés, des injustices et des vilenies qui font l'équivoque d'une société.

De Dunkerque à Bayonne, de Brest à Nice, ainsi que le claironne Judet — en barrant d'une grande croix la France — tout le monde lit le *Petit Journal*.

A quoi servirait de le nier ? Larbins, bourgeois, boutiquiers, s'instruisent et se divertissent. Le peuple s'abreuve aux sources pures. Et tous les pipelets de la patrie, à l'heure où se vident les poubelles, se régalent volontiers de Judet.

Rochefort se meurt !
Rochefort est mort !

QUELQUES FLEURS
POUR UNE COURONNE

C'est fini... O vanité! ô néant! ô mortels ignorants de leurs destinées! L'eût-il cru il y a dix mois? Et vous, messieurs, eussiez-vous pensé, tandis qu'à son retour d'exil une foule délirante l'acclamait, eussiez-vous pensé que si tôt, une clameur s'élèverait du faubourg pour insulter et pour maudire? Rochefort, n'était-ce pas assez que l'Angleterre (jockeys et marchands de tableaux) pleurât votre absence, sans en être encore réduite à pleurer votre mort? Et la France, qui vous revit avec tant de joie, n'avait-elle plus d'autres pompes et d'autres triomphes pour vous, au retour de ce voyage fameux, d'où vous aviez rapporté tant de gloire... et de si belles collections ? « Vanité des vanités, et tout est vanité. » C'est la seule parole qui me reste, dans un accident si

étrange, c'est la première réflexion qui me vient
— ainsi qu'à mon distingué confrère M. Bossuet,
des Oraisons.

Rochefort se meurt ! Rochefort est mort !

Que dis-je ? messieurs, c'est pis encore, car
c'est la chute lamentable, l'irrémédiable effondrement d'une renommée qui semblait s'affirmer
puissante, parmi les fleurs et les vivats, et qu'une
bourrasque populaire va balayer vers les égouts.
L'heure qui tinte sonne une faillite, et c'est un
glas de banqueroute suspectée d'être frauduleuse.

C'est fini !

Et les socialistes enterrent civilement le Vieux.
Il y a quelque chose de poignant à lire ces ordres
du jour, émanant de tous les points de la France,
par lesquels des ouvriers, des prolétaires,
les anciens tenants de Rochefort, l'exécutent
méthodiquement, chacun son tour, sans hâte...

On entend les pelletées de terre.

Et l'on songe, sans transition, à cette noble
famille éprouvée, à cette jeune branche des
Vervoort qui donna, au grand pamphlétaire, la
nuit et le *Jour* — et qui lui donna peut-être
aussi, bénévolement, le coup du lapin.

En effet, on parle de lapereaux, de rivalité, de
jalousie... Je ne sais si je lis entre les lignes.

Mais, avant d'en venir au grief qui seul importe et tue Rochefort, il ne messied pas de déchiffrer ce que signifient toutes ces phrases à double entente, allusions et insinuations, qui émaillent les polémiques quand il s'agit du beau-frère de M. Vervoort, du *Jour*.

La nuit est belle et parsemée d'étoiles... je ne peux cependant, en ce moment, nommer le Bélier, le Taureau, le Capricorne, sans que les loustics s'écrient : Suffit ! nous avons compris.

Eh bien ! non, ça ne suffit pas. Il y a des gens, à Carpentras, auxquels Thiébaud n'a pas tout dit. Et voici : il ne serait venu à l'idée de personne de parler des *Mésaventures de sa Vie*, des mésaventures amoureuses, s'il n'y avait peut-être là — comme on dit chez M. Judet — la cause première de l'attitude qu'a prise, en ces temps, Rochefort. Je précise. Tout le monde raconte, au boulevard, qu'une bien-aimée du pamphlétaire ne partage pas son horreur du juif, et ne fut point cruelle, jadis, à l'un d'eux qui porte précisément le nom vulgaire de Dreyfus !

De là, deux affaires Dreyfus que Rochefort s'entête à mêler :

— Tous les Dreyfus sont des traîtres !

— Cher Maître, laissez-moi vous dire que vous généralisez trop. Je ne défends pas le capitaine ; je n'ai pas le verbe d'un avocat qui plaide pour des militaires ; mais, vrai, vous mettez trop de feu à féliciter le conseil de guerre qui frappa le second Dreyfus. Les deux, pour vous... font-ils la paire ?

Ah ! je me garderai bien de retourner la corne dans la plaie. Mais il faut dire ce que l'on dit. Fi ! des pointes dissimulées... M. Rochefort pense comme moi. Et croyez-vous que le sémillant polémiste se serait gêné une minute si l'un de ses adversaires se fût trouvé dans la situation où lui-même s'agite aujourd'hui ?

« Le vieux bandit, aurait-il dit, l'immonde fripouille, le Sganarelle sinistre qui se venge sur un forçat des infidélités de Rosine... Le vieux ceci, le vieux cela... »

Il aurait dit les mots que je tais. Il les aurait dit avec la désinvolture qu'il mit à conter que l'impératrice se prostituait. Et que n'a-t-il pas dit d'autres femmes ? Rochefort fut un sans-pitié. Ne l'imitons pas. Et passons...

Et puis, à quoi bon chercher des causes lointaines aux actes des hommes ? Rochefort est devenu fougueusement antisémite, un beau matin, tout simplement parce qu'il avait entendu que l'on criait : A bas les juifs ! Ce fut Drumont qui l'inquiéta. Il n'y eut qu'une question de boutique.

D'ailleurs, Rochefort est un suiveur.

On le calomnie quand on affirme qu'il poussa le peuple, lors de la Commune et du Boulangisme. Il ne se mêla à ces mouvements que suivant les cris de la rue — et selon les besoins de la vente.

Cet homme désintéressé avait le flair du marchand de papier.

En vieillissant, le flair a baissé — comme le tirage de l'*Intransigeant*. Depuis la chute de Constans, Rochefort était aux abois, c'est-à-dire qu'il aboyait plus péniblement que jamais. Il attendait que le public lui indiquât la tête de turc sur quoi cogner populairement. Il attendait la concession d'une mine à exploiter en filon de trois cents articles où resservent les mêmes calembours et la demi-douzaine d'épithètes à la façon de Mme Angot. Cet *angoteur*, sans idées, demandait un gong pour taper dessus.

Le brillant écrivain de cirque tournait dans un cercle vicieux ; il crut que la foule des galeries applaudissait son dernier jeu, il pirouetta, prit son élan

<blockquote>Et du coup se cassa les reins.</blockquote>

Mais célébrons la cabriole qui clôtura la comédie.

Je prévois que le Syndicat de la Boucherie, la bande des gonses et des grenouilles qu'amorcent les culottes rouges, s'imagine que mon intention est de reparler de Dreyfus. Ces pauvres sont hypnotisés sur le cas de leur capitaine. Je vois plus loin, je vois autre chose.

Je vois que M. Rochefort, qui fit profession de couvrir de boue les conseils de guerre, changea sa plume d'encrier, afin de les couvrir de fleurs.

Et sans m'occuper du monsieur « qui se chauffe au soleil de la Guyane », de l'ancien officier qui fut implacable lui-même, sans doute, pour les simples soldats — il me plaît de montrer le journaliste qui, pour flagorner la plèbe et se refaire une clientèle, soutient tout à coup ces cours martiales pour lesquelles, hier encore, il n'avait pas assez d'insultes. M. Rochefort comptait ainsi mettre du beurre dans ses graines d'épinards.

Le Vatel de l'*Intransigeant* qui se plaint toujours d'être trompé devait finir par se tromper lui-même. Il ne courrait pas le risque de se suicider parce que la marée était en retard ; mais la gamelle qu'il nous sert est faite pour le déshonorer. Il a raté son rata. La sauce patriotarde soulève les meilleurs estomacs. Et, rien qu'à l'odeur de sa cuisine, le maître coq de l'état-major achève de s'empoisonner.

Rochefort succombe, aujourd'hui, d'une *militarite* aiguë.

Un écrivain qui s'intitule « révolutionnaire » n'a certainement pas besoin de se réclamer d'un dogme, et ce n'est pas moi qui lui reprocherai de ne pas écrire selon la formule de telle ou telle grande chapelle : la besogne de démolition ne demande que de l'esprit critique, un regard lucide, une plume prompte, de l'audace et de la décision. La sensibilité révolutionnaire suffit à guider l'écrivain : c'est elle qui le fera conclure, spontanément, sur toutes choses, dans le sens le plus libéral ; c'est elle qui devait empêcher M. Rochefort d'entonner ses refrains de caserne.

Le militarisme est la clef de voûte du monument d'iniquité, de misère, de laideur, d'exploitation que représente cette société. Le soldat est le chien de garde des receleurs capitalistes — et c'est le chien de fusil des grèves...

Marcher avec la soldatesque n'est pas l'acte d'un insurgé ; mais c'est le fait d'une bonne d'enfant : Rochefort est une nourrice sèche pour troupiers de l'état-major.

Après les derniers outrages et avant les derniers sacrements, le cordon bleu de l'*Intransigeant* a dépensé, au profit du sabre, la menue monnaie des calembours qui lui restait dans son bas. Maintenant, plus rien dans la tirelire — rien dans les mains ni dans les poches. M. Rochefort a cessé le feu. Le vent a soufflé la lanterne.

Et quand on parle au lanternier, ce n'est plus lui qui répond : Ernest Roche, son larbin, prend la parole pour un discours, et Charles Roger, son bretteur, décroche les colichemardes. Allons messieurs ! faites vos jeux. L'instant est aux remplaçants :

<blockquote>A la guerre comme en amour...</blockquote>

Rochefort a passé la main.

Le Gendre et la Veuve

LE GENDRE

J'ai rêvé que M. Félix Faure, en son palais de l'Elysée, appuyait sur le bouton d'une sonnette électrique, et que sur la place de la Roquette, au même instant, le Couteau tombait!

Mais voici la réalité :

Un monsieur, le Président — que l'on proclame irresponsable — a le droit, après son dîner, de donner un coup de téléphone pour qu'au petit jour, le lendemain, s'érige la guillotine.

Le droit de grâce est le droit de tuer, puisque c'est le droit de laisser vivre. Ce privilège des chefs d'Etat leur met dans la main la hache. Les nuances de la discussion n'empêcheront pas ce fait précis : la vie de Georges Etiévant dépend d'un geste de Félix Faure.

Le jury a fonctionné. Etiévant coupable d'avoir frappé deux sergents de ville, dont la belle santé fut très remarquée à l'audience, n'en a pas moins été condamné à mort. Mais qu'importe ce premier verdict, puisqu'à nouveau la question se pose, puisque M. Faure, tout à l'heure, en dernier ressort, statuera seul.

Et l'on regarde vers l'Elysée...

Bien qu'ayant une histoire, notre président est un homme heureux ; cette histoire qui, en somme, n'est qu'une histoire de famille, il la porte gaillardement. Si le beau-père fut condamné à tresser des chaussons de lisière, le Gendre embrassa le Tsar... Dans ces sautes de la fortune, il y a matière à réflexion, et le Gendre y devrait puiser indulgence et philosophie.

Il devrait se dire qu'Etiévant qui, lui, ne vola personne, mérite d'autant moins la mort que ses victimes intéressantes sont d'ores et déjà en état de reprendre le cours interrompu des solides passages à tabac.

Le gendre de l'avoué, l'Egal des rois, sera-t-il bon prince ? Comprendra-t-il ? Et dans le triage sanglant des têtes qu'il offre à la Veuve, cueillera-t-il celle du Révolté ?

POURQUOI N'A-T-IL PAS TUÉ ROTHSCHILD ?

Ce qu'on reproche à Étiévant, ce n'est pas tant la violence de son acte que le choix qu'il fit :

— Pourquoi d'humbles gardiens de la paix ?

Le bourgeois paterne, dont toute l'émancipation consiste à se saouler parfois en compagnie de Labadens, se rappelle que, certain soir de remarquable beuverie, un bon sergot le reconduisit obligeamment jusqu'à sa porte. Comme le bourgeois était totalement ivre, il n'oserait pas affirmer que ce fut le complaisant policier qui lui chopa son porte-monnaie. Il ne se souvient que d'une chose : ces sergots, que l'on dit féroces, ont soutenu ses pas chancelants. Braves agents !

Les sergents de ville de quartier sont aimés dans leur diocèse ; s'ils pourchassent les malheureuses marchandes des quatre-saisons qu'ils entraînent violemment au poste, ils sont pleins de condescendance pour les tenanciers de bastringue et autres notables ayant numéro sur rue. Combien de fois évitent-ils de dresser des contraventions à ces honorables industriels de l'empoisonnement nocturne. Très rares, les procès-verbaux. Le sergent de ville est un vieux frère : si le patron est en défaut, il se contente de le mettre à l'amende — mais c'est à l'amende d'une tournée.

D'ailleurs l'agent, que l'alcool travaille, règle aussi souvent sa tournée. Seulement ça se passe dans le huis-clos propice des commissariats : à coups de poings dans la figure, à coups de pieds sur l'os des jambes, les jours de manifestations, ces hommes de poigne jouent au *foot ball* avec des corps de manifestants. Le citoyen arrêté est d'abord dûment ficelé, puis une bourrade le fait rouler sur le sol où des pieds agiles le frappent et l'envoient rebondir contre les murailles du poste.

Tel est le sport de ces *agentlemen*.

S'il est normal que nos Maîtres aient une estime particulière pour les brutes de leurs brigades, on comprend que les hommes du peuple aient peu d'amour pour les flics, — flic, flac, boum, coups de pieds dans le ventre !

On ne manquera pas de remarquer, cependant, qu'Étiévant a très nettement déclaré qu'il ne s'était pas senti de haine pour ceux qu'il avait frappés. Cette indulgence de langage a précisément le don d'affoler les messieurs qui s'entretiennent de l'acte du condamné.

Malgré une certaine bonne volonté dans la discussion, ces Messieurs ne peuvent pas admettre que l'on agisse sans haine — à moins que ce ne soit par intérêt.

— L'assassinat commis par un voleur est odieux, disait l'un d'eux, mais je me l'explique : il tue pour se procurer de l'argent. Un acte que je ne m'explique pas c'est celui de cet Étiévant qui se rua sur des agents auxquels il ne pouvait rien prendre...

La morale bourgeoise est pratique, on ne saurait le nier (le meurtre est bon, qui profite !), c'est logique ; mais c'est d'une logique courte. D'abord parce que tout est intérêt, même les actes les plus matériellement désintéressés : on satisfait une passion. Ensuite, parce qu'on ne se rend pas compte de l'influence d'idées latentes sur les mouvements les plus apparemment spontanés. Autour du vieux monde pourri, des énergies rôdent dans l'ombre.

J'entrevois la tragique course dans la nuit :

L'homme traqué, sans argent, sans refuge — déambulant, sur le point d'être pris, songeant encore à quelque avertissement aigu, capable de crier à tous ce qu'on s'efforce d'oublier : l'opulence d'une minorité faite des privations et des larmes de la foule des sacrifiés. Souffrance, misère, du noir, du noir toujours pour les uns. Et pour les autres la vie rose, lumière et joie par la ville... Et tout à coup le falot rouge d'un poste.

Là, c'est le chenil ! là, sont les hommes armés pour défendre ça — ça, la Société ; ça, l'Ogresse ! L'homme de garde, le factionnaire toise le passant, le gueux qui chemine... Le passant se retourne et, dans la nuit, un choc a lieu ! Quoi donc d'étrange ? Le conflit dure depuis toujours et rien n'était prémédité...

Il y a d'autant moins lieu d'être surpris du mouvement soudain d'Étiévant, que d'ignobles persécutions le poussèrent dans la voie farouche.

En 1891, alors que le gouvernement donnait la chasse aux écrivains anarchistes, on trouva moyen de l'impliquer dans une affaire de vol de dynamite. Étiévant fut condamné à cinq années d'emprisonnement. En sortant de la maison centrale où il avait bravement accompli sa peine, à la place d'un pauvre diable de père de famille qu'il ne voulut pas dénoncer, Étiévant se remit à écrire. On le guettait. Le premier article fut poursuivi. Et cet article — quelques phrases, vous entendez bien ! — le fit condamner à la relégation, c'est-à-dire à vie, c'est-à-dire à mort...

La condamnation était par défaut; Étiévant erra quelque temps, sans pain, souvent sans asile, jusqu'au soir où, par hasard, il fit halte devant un poste...

Toutes ces choses n'empêcheront pas quelques braves gens de répéter en faisant parade de révolutionnarisme :

— Il aurait dû frapper plus haut.

Mais j'ai entendu mieux que cela. C'était un antisémite qui disait allègrement :

— J'aurais compris qu'Étiévant tuât Rothschild. Pourquoi n'a-t-il pas tué Rothschild ? Voilà un acte qui aurait une belle signification.

Il ne m'appartient pas de contredire la personnalité distinguée qui tint ce langage hardi. Mais je me permettrai de donner un conseil à tous ceux qui désignent des individus qu'ils eussent préféré voir frapper :

Faites vos commissions vous-mêmes !

Il est vraiment bien curieux de constater les secrètes tendances d'une quantité d'honnêtes gens. Il n'y a qu'à gratter un peu, et, sous le vernis de leur morale, on découvre de singulières craquelures. La réprobation cache le dépit de personnages qui ont rêvé d'hécatombes plus à leur goût.

Nul n'y échappe, antisémite ou sémite — car les juifs, malgré leur actuelle passion pour la justice (lumière et vérité ! capitaine !) ne se sont guère occupés d'Étiévant, le révolutionnaire. Un riche banquier hébreux paraphrasa même, sans le savoir, le libre propos cité plus haut :

— Pourquoi n'a-t-il pas tué Drumont?

Assez! messieurs, calmez vos sangs! ou je demande la priorité pour cet ordre du jour de blâme :

Il aurait dû tuer mon tailleur!

L'affaire Etiévant, rapetissée de parti pris quant à sa signification sociale, n'en a été que plus démesurément grossie en tant qu'affaire criminelle.

De quoi s'agit-il, au demeurant, si ce n'est de quelques coups de canif dont les victimes, aujourd'hui, sont les premières à se féliciter puisqu'ils leur valurent l'étoile inespérée des braves.

Même au nom de la loi du talion, œil pour œil et dent pour dent — *cou* pour coup — Etiévant ne mérite pas la mort. Van Cassel lui-même l'a compris : cet homme qui avait hypocritement requis la peine capitale, à présent, propose la grâce.

Au Président de disposer.

LA VEUVE

Le jour anniversaire de la mort de l'inoubliable M. Carnot, Félix Faure donna des ordres pour que fût fêtée la Veuve, la haute dame Guillotine.

Il eut le tact, ce jour-là, de ne pas choisir Etiévant.

Carrara fut coupé en deux. D'immondes scènes se produisirent. Lamentable, contorsionné, le corps tordu sur la bascule, le cou contracté s'emboîtant mal dans la lunette, on put voir lentement mourir le supplicié que, par les oreilles, en avant, tiraient les aides du bourreau. Le couperet finit par tomber. Le sang gicla et de larges flaques s'étendirent sur les pavés où des messieurs privilégiés vinrent tremper des mouchoirs de soie...

Il était quatre heures du matin. M. Félix Faure dormait-il?

En tous cas, allègre, dispos, notre Premier se leva de bonne heure, balafra un autre pourvoi, et M. Deibler aussitôt partit en tournée en province. A Vesoul, une tête tomba. Et de deux!

Notre Président est entraîné.

Maintenant, Deibler nous est revenu. Il reste du travail — sur la planche.

Impatient un peu, le diligent coupeur de têtes, que l'on dit d'âme bucolique, voudrait se débarrasser, au plus vite, de l'affaire pendante, et fuir aux champs. Cet homme des champs de navets adore, paraît-il, la campagne; et déjà il y serait parti si Félix Faure avait voulu.

Deibler attend...

L'exécuteur des hautes œuvres attend les ordres de l'Exécutif.

A vous, Félix !

Dépêchez-vous, mon Président. Vous aussi devez être impatient de partir en villégiature. Voici le beau temps revenu. Il manque aux pelouses de Rambouillet la note claire de vos guêtres blanches — mais seront-elles tachetées de rouge ?

Décidez-vous. C'est vous que ça regarde. On dit que Mademoiselle votre fille a de l'esprit ; consultez-la. Demandez-lui de vous expliquer, ô magistrat irresponsable — irresponsable de par la Constitution — comment et pourquoi, dans l'espèce, vous êtes tout de même, strictement, responsable de l'aventure...

Tâchez de comprendre !

Et puis, ma foi, si le cœur vous en dit, tranchez dans le vif, tranchez, tranchez. Un ordre, un geste, et ça y est. Appuyez doucement le doigt sur le bouton de la sonnette électrique et vous entendrez le déclic.

Glissez Mortel, appuyez...

Les Tuyaux de " la Patrie "

J'ai reçu, hier, la visite d'un nègre que j'avais déjà vu, en Algérie, un jour où trois sous-offs de mon escadron le rouèrent de coups de matraque pour conquérir un sac de dattes dont il s'obstinait à réclamer le paiement.

— Je suis un ami de la France, me dit le bon nègre en se rappelant à mon souvenir... ami de la France, ami, ami, braves militaires! seconde Patrie...

— Je sais, je sais...

— Vous, pas savoir. Moi, laissé l'Afrique. Beaucoup voyagé. Viens d'Angleterre. Anglais tous voleurs, tous traîtres. Entretiennent agents en France. Viens dénoncer!

— Mais c'est Norton! m'écriai-je.

— Chut! fit le noir, Norton n'était pas vrai nègre et li mort. Li grand blagueur. Kif kif Jidet! Rien di tout. Moi, documents plein mon bissac.

En achevant ces mots, mon visiteur lança sur la table une volumineuse liasse de papiers. Des lettres s'en échappaient; quelques-unes affranchies avec des timbres étrangers ! Il y avait aussi des télégrammes et de vieux journaux — le nègre triomphait. Et comme je me disposais à le presser de questions.

— Inutile, fit-il, je suis pressé... Vous lirez ça.

Le Syndicat de Trahison

J'ai lu les papiers du nègre.

Dès que cet homme fut parti, je me mis fiévreusement à classer le dossier : lettres d'un côté, journaux de l'autre ; lettres salies de suscriptions anglaises ou belges. J'en ouvris une, j'en ouvris dix ; invariablement, ou presque, les missives commençaient ainsi :

« J'ai vu la *Patrie* du jour. Compris. J'envoie l'argent... »

Avec une prudence dont la signification n'échappera à personne, les louches correspondants, comme s'ils s'étaient donné le mot d'ordre, évitaient d'écrire le nom propre « Millevoye » ; mais sous leur plume revenaient sans cesse les mots « *Patrie* », « notre journal », « la *Patrie* ».

Était-ce, là, l'œuvre d'un faussaire ? Je voulais le croire ; je voulais espérer. Mais l'hypothèse tombait d'elle-même : un télégramme fermé encore (intercepté, qui sait comment ?) portait l'adresse précise d'un personnage connu à Londres. Je décachetai la dépêche. Elle contenait ces lignes édifiantes :

« Lû la *Patrie*. Mauvaises nouvelles Belgique. Vous envoie dernier mandat. Suis dépouillé. Tout perdu. Que faire ! Attends avis de Londres. »

Je ne publierai pas le nom de l'expéditeur du télégramme, sans doute plus malheureux que coupable ; mais en revanche rien ne m'empêche de désigner formellement le « donneur d'avis » anglais qui semble, si étrangement, mêler à ses affaires, celles de la feuille de M. Millevoye.

Donc, je marque :

Williams Levis,
137, Charing Cross Road, London W.

Et, comme un nom ne suffirait pas à prouver l'ignoble complot international, dont des Français sont appelés à devenir les malheureuses victimes, je préfère citer tout de suite une première liste des singulières officines avec lesquelles — il faut bien le dire, hélas — le journal Nationaliste français est en relations suivies :

Angleterre

WILLIAMS LEVIS, déjà salué.
STERN, 2, High street, Fulham Road, London.
DICKENS, 40, Frith street, Londres W.
WILLAMS CHARLEY, 68, High st. Putney, Londres.
LAURENS, 14, Greet Russel street, London.

Belgique

Van Parys, *9, place du Béguinage, Bruxelles.*
John Alsopp, *17, rue des Alexiens, Bruxelles.*

Contrairement à la plupart des documents historiques, ces noms et ces adresses sont d'une exactitude absolue.

Ici, le nègre n'est plus en cause.

C'est Jaluzot, Massard, Millevoye. C'est le drapeau Nationaliste.

C'est, en effet, à la troisième page de la *Patrie* que j'ai cueilli le bouquet de noms exotiques dont je parfume cet article.

Si vous voulez vous en convaincre, ramassez la *Patrie* vous-même.

Le Truc

Ramassez la *Patrie!* lampez la prose de M. Millevoye, et passez vite aux choses sérieuses : voyez annonces, voyez affaires... Oubliez, pendant cinq minutes, la frontière de l'Est, le piège allemand, les chères provinces : gare à vos poches !

Maintenant que vous voilà prévenu, hasardez-vous dans la caverne. La *Patrie* est ouverte devant vous, déployée tel un étendard — lisez-moi donc les fières devises inscrites aux plis du Drapeau.

A l'exclusion de toute annonce honorablement

commerciale, la troisième page de ce journal a lucrativement centralisé les réclames des agences borgnes, belges et anglaises, qui se livrent à l'une des plus évidentes escroqueries.

On draine l'argent français.

Et voici le truc : sous couleurs de Pronostics de Courses, on aguiche les bons naïfs et gogos que doivent être, logiquement, les clients du papier chauvin. Le choix de cet organe s'imposait. C'est devenu spécialité de la maison. Le moniteur nationaliste de Jaluzot est, ainsi, le seul quotidien, dit politique, qui ose cette publicité :

Fortune garantie ! envoyez mandat *Bruxelles,* telle adresse. *Chaque mise de 20 francs rapportera 3.000 francs,* envoyez fonds, telle adresse, *Londres. Très recommandé, succès certain,* adressez fonds et billets de banque, M. Un Tel, telle rue, *London.* Tel autre prend la précaution d'écrire « *Plus de supercheries possibles* » et ne promet que 500 francs par jour : adressez fonds, toujours à *Londres.*

Londres, Bruxelles, Londres, Londres, envoyez argent, billets de banque, paroli, triple paroli, double event, certitudes — mandats internationaux ! Vive la France !

C'est le Syndicat de la Patrie — fumistes et marchands de tuyaux.

A l'Anglaise

En attendant les champs de bataille, les plumitifs chauvinards qui, pour la plupart d'ailleurs, esquivent le service militaire en raison de tares constitutionnelles, les réformés belliqueux, les pieds plats, les dispensés, opèrent sur les champs de courses.

Ici, l'on coupe des bourses.

Au point de vue patriotique, il n'y aurait, certes, pas lieu de blâmer ces faiseurs de porte-monnaies s'ils se contentaient de dévaliser des étrangers, des ennemis... Mais, par un fatal concours de circonstances, il se trouve, au contraire, que ce sont des Français qu'ils dépouillent. Ils ruinent des compatriotes. Et au profit de qui, remarquez-le? Au profit même des étrangers dont ils se font ainsi complices.

Et voilà de la trahison !

Lisez, lisez les adresses des caisses où l'on entraîne le peuple à jeter son maigre salaire ; j'en ai cité quelques-unes, en voici d'autres, j'insiste :

Levis and C°, 3, Mabledon Place, Euston road, Londres. John Wood, 15, High street Fulham road, London. Newmarket, 87, Schafsterbury avenue, Londres. Jordens, 32, rue des Sables, Bruxelles, etc., etc.

Ma *feuille* ne suffirait pas à produire la liste complète des membres du syndicat international qu'hospitalise, à chaque veillée de courses, l'Organe de la défense nationale. Une seule chose surprend pourtant : on se demande, au premier abord, par quelle insigne maladresse les professionnels du patriotisme encouragent-ils officiellement l'exportation de l'argent français dans les poches des Anglo-Saxons? Rien que des Flamingants, des Anglais... Pas une adresse française, pas une! Pourquoi? Pourquoi?...

C'est bien simple. Les opérations dont il s'agit ont un caractère si nettement frauduleux qu'il suffirait de désigner une adresse française pour qu'immédiatement la police opérât des perquisitions.

Ce serait la fin des annonces. Et l'Argent n'a pas de Patrie.

Un Scrupule de M. Millevoye

Nous devons à la vérité de dire que notre distingué confrère Millevoye, anglophobe des plus réputés, n'a pas été sans souffrir d'être transformé par Massard, son directeur et noble ami, en homme-sandwich de maisons anglaises. Il s'en plaignit à Jaluzot qui lui offrit des cravates.

— J'accepte, parce qu'elles sont françaises..., répondit alors Millevoye, mais, cher maître, permettez-moi de vous soumettre une idée : publions des adresses russes !

— Vous n'êtes pas fou, s'écria familièrement

le propriétaire de la *Patrie* et du *Printemps*, des adresses russes! Malheureux! mais les maisons que nous recommandons détroussent tellement de gens qu'avant six mois de ce jeu-là nous ferions maudire la Russie!

— Je comprends, murmura Millevoye, qui est loin d'être un petit serein : on maudira l'Angleterre!

Le rédacteur de la *Patrie* fit ce jour-là un superbe article contre la perfide Albion. Et Massard, qui a la dent dure et la plaisanterie cruelle, eut une trouvaille géniale : les pronostics de la *Patrie* furent dès lors signés « FRIPON ».

Lisieux! 5 minutes d'arrêt...

Le journal de Fripon et Cie vole ainsi de succès en succès :

Auteuil, Longchamps, Maisons-Lafitte!

Mais c'est surtout pour Deauville qu'il détient de sérieux tuyaux.

Tous les journaux ont raconté qu'à Lisieux, quelques instants après la catastrophe de chemin de fer, qui coûta la vie à sept personnes et en blessa plus de cinquante, parmi les cris de douleur et les appels des mourants, une clameur s'éleva soudain — c'étaient les voyageurs pour Deauville, les parieurs, qui s'ameutaient. Ils craignaient d'arriver en retard. On s'occupait trop des blessés.

— Nous avons payé ! disaient-ils.

Et sans souci des gémissements, des plaintes, de la mort si proche, ils exigeaient des employés qu'on s'occupât tout d'abord de leur faciliter le moyen d'arriver pour l'heure des paris.

Les gendarmes durent intervenir. Il y eut des coups échangés, des bagarres sur des mourants...

A quoi bon se scandaliser de telles scènes de barbarie ? Elles sont normales. Elles résultent de l'éducation qu'on donne au peuple. Les pontes, les affolés courent d'ailleurs à des fins prochaines, courent à la ruine, à ce qu'elle entraîne, à des drames, à des suicides.

Qui les excite ? Qui les affole ?

Il faut qu'on n'ignore pas comment les courses de Deauville, de ce dimanche sinistre, étaient annoncées, la veille, dans les réclames de la *Patrie*; il faut qu'on sache quels espoirs mirifiques on faisait entrevoir aux simples, pour leur choper un beau louis d'or :

« IMBATTABLE

« Dimanche, à Deauville.

« Avec 20 francs, PLUS DE 5.000 FRANCS A GAGNER. *Nous ne saurions trop insister pour cette journée.* Une journée 20 francs. Adresser fonds, billets de banque, etc... Londres. Succès, succès ! »

... Le train avait déraillé, des wagons télescopés sortaient des cris déchirants, le sang coulait, et parmi les débris rougis, les cadavres et les blessés, une meute hurlante bondissait.

Goûtez les tuyaux de la *Patrie!*

Au pied du mur

Je sais bien ce qu'on va me répondre : la quatrième page d'un journal est réservée à la publicité. Elle n'engage en rien la rédaction. La quatrième page, c'est un mur.

Je ferai d'abord observer qu'il ne s'agit pas, ici, de la quatrième page ; mais de la troisième.

Ce n'est plus un mur, ce sont des remparts !

Ah ! les remparts de la Patrie... Sonnez clairons ! Battez tambours ! Hors de France, les Étrangers... A bas l'Anglais, traître et félon ! Gredins ! Canailles ! Outsiders !... Pariez ! Pontez ! Rien ne va plus...

Les éducateurs du peuple sont de bizarres citoyens ; tandis qu'ils crient : Au Drapeau ! des compères vous font les poches.

Rien ne va plus ! L'autre semaine, c'était un pauvre vieux soldat qui, à la suite de perte au jeu, se tuait avec sa femme et sa fille, une blonde enfant de seize ans... Tout se précise. On trouva chez eux, au milieu des programmes de courses, le Journal des Sports Nationalistes — politique de M. Millevoye, pronostics de M. Fripon !

En joue... Faux !

MANŒUVRES ET MACHINATIONS

Tout le monde prend son fusil : les réservistes vont aux manœuvres, Félix Faure chasse de race, et Messieurs les Nationalistes se préparent pour le coup de chien.

Les escopettes de l'Etat-Major sont braquées comme il convient, et Boisdeffre, avant de partir, commanda :

Faux à volonté !

Les faux sont à l'ordre du jour — à l'ordre du jour de l'Armée. Ce sont les vraies Grandes Manœuvres, manœuvres et machinations...

Faux visages ! menteuses paroles...; voici le général Zurlinden qui s'interrompt un instant de compulser le dossier Dreyfus pour recevoir les attachés militaires étrangers... Que va-t-il leur dire ? Il les invite bonnement à se rendre aux bords de la Loire pour y suivre, en prenant des notes, nos essais de mobilisation !

Que ce soit aux bords de la Loire, que ce soit aux rives de la Seine, dans les bureaux de l'État-Major, on s'épie, on tend des pièges : les manœuvres sont abortives.

Et l'opération césarienne que réclament les médecins-majors et autres docteurs de l'Armée ne sauvera pas la Malade : la Grande Famille s'est épuisée à laver publiquement son linge.

Le linge, d'ailleurs, est resté sale.

La religion du Drapeau, le culte de l'Armée sont à la baisse. L'Insoupçonnable est suspectée par quantité de citoyens qui semblent, aujourd'hui, s'éveiller d'un long rêve bleu, blanc et rouge.

Les yeux s'ouvrent.

— Eh ! quoi, s'écrient des bourgeois, des ouvriers, des gens du peuple, qui jamais n'avaient réfléchi, est-il donc vrai ? des faux ! nos officiers font des faux ! Mais, alors, tout est possible...

Les journalistes orthodoxes ont beau se hâter d'expliquer que les faux, quand ils sont militaires, deviennent des faux patriotiques, — des foules se lèvent et protestent.

On regarde l'Idole en face.

Il en résulte que le Militarisme passe un assez vilain quart d'heure; ce pourrait être celui de Rabelais.

A qui la faute ?

Avouons-le : le colonel Henry fit plus de propagande peut-être qu'un autre Henry dont la gorge fut aussi tragiquement coupée...

LA PROPAGANDE PAR LE FAUX

Nos maîtres se défendent mal.

Tandis qu'en compagnie du commandant Lagarenne notre Président tirait le lapin, M. Cavaignac soulevait un lièvre.

Le lièvre avait commencé. C'est Cavaignac qui le prétend; comme s'il était admissible qu'un discipliné soldat, tel le colonel Henry, eût agi autrement que par ordre.

On arrêta donc le colonel — le seul faussaire de la Grande Muette — et pour que lui-même restât muet, on l'entraîna au suicide. Le colonel obéit encore.

Cavaignac, maladroit ami, ours des jardins de l'Armée, eut alors de désastreuses paroles; il fit dire par ses officieux que le colonel Henry était un esprit étroit, un lourdaud, un imbécile. Le Cavaignac fut ignoble : encore tout éclaboussé du sang de son subordonné, pensant par là faire parade d'indépendance et de bonne foi, il insultait son cadavre.

Une réaction ne se fit pas attendre et déjà on parle d'élever une statue au colonel tôt débarqué par le ministre ambitieux.

On lui doit cette réparation.

Le brave colonel Henry n'était pas plus criminel que ses collègues de l'Etat-Major. Il faisait partie d'un ensemble. En touchant à lui, Cavaignac discrédita la caste entière. Il propaganda par le fait, à sa manière, sans le savoir.

En revanche, comme homme d'Etat, le ministre était disqualifié.

On l'appellera Cavaigaffe !

AUX HOMMES DE GOUVERNEMENT

Les hommes dits « de gouvernement » ne doivent, sous aucun prétexte, reconnaître qu'il y a quelque chose de fondé dans les reproches adressés à la magistrature ou à l'armée.

Sans cela tout craque, et c'est justice.

Ils doivent claironner que l'armée reste l'asile inviolable de la droiture et de l'honneur. Sous les plis glorieux du Drapeau nos officiers ignorent les faux !

Voilà de solides déclarations. Elles ne compromettent personne et rassurent le patriotisme des boutiquiers, grands électeurs.

« L'Armée c'est comme le soleil... »

Billot, vieux routier de la Guerre, savait le moyen d'avoir la paix.

Et c'est lui qui avait raison. Le soleil n'est-ce pas la lumière ? Il la voulait aveuglante. Quand on a l'honneur spécial d'être le chef de l'armée, il faut mentir avec ses troupes.

Il sied de couvrir — et pas seulement comme jadis, à Châlons-sur-Marne, les sous-offs de la garnison — il sied de couvrir ses inférieurs.

Quelques faux ! La belle affaire... Mais à tous les degrés de l'échelle, depuis les fausses permissions de 24 heures, dont les scribes du fourrier font commerce dans les chambrées, jusqu'aux fausses pièces d'espionnage que des carottiers galonnés font payer au 2ᵉ bureau, le faux fleurit hiérarchiquement.

Que signifient donc ces enquêtes qui semblent avoir pour objet de chercher des poux sous les képis ? Le colonel Henry disait bien : « Les képis doivent ignorer ! » Les poux aussi... Les ministres ne devaient rien savoir.

C'est pour avoir trop parlé que nos maîtres sont dans l'embarras. Ils eurent le tort de s'imaginer que des triages étaient possibles : à droite, les brebis galeuses, les boucs, les boucs émissaires; à gauche, le mouton d'élite.

Boisdeffre y passa quand même, démissionnant en panique. Puis, après le colonel Henry, ce fut le colonel du Paty, mis à pied si brutalement que tous les soupçons s'accentuent : l'incendie gagne de proche en proche — on ne peut plus circonscrire le faux !

Les flammes gagnent la *Mercerie*...

UNE IMPRUDENCE

La première maladresse, évidemment, est d'avoir un jour poursuivi le capitaine Dreyfus — traître ou non.

D'abord, les meilleurs esprits (j'entends par là : les bonnes têtes), admettent difficilement qu'il y ait des traîtres dans notre armée. Mais, s'il y en a, mieux vaut, certes, les exécuter sans scandale. C'est sur la route de Gabès que Dreyfus aurait pu tomber.

Ensuite, quelle lourde faute d'avoir précisément choisi, parmi tous ceux que l'on suspectait, un officier puissamment riche.

Il avait le moyen de se défendre !

Et voilà, voilà encore qui n'est plus dans l'esprit de la Loi. La Loi est faite contre les gueux, les faibles, les abandonnés. Elle peut alors jouer de son glaive et frapper au petit bonheur.

Quand il s'agit, au contraire, de condamner un monsieur ayant bec, ongles et coffre-fort, famille dévouée, nombreux amis — on doit au moins avoir des preuves.

Mais allez donc parler raison à des maniaques antisémites. Il leur fallait la peau d'un juif. Dreyfus était juif : mords-le ! il était officier... Tant pis !

Le premier coup de pioche dans l'édifice fut donné par M. Drumont.

RAPPEL AU RESPECT DE L'ARMÉE

Les inconscients propagandistes qui mirent ainsi l'armée à mal n'en persistent pas moins à hurler qu'ils la respectent et la soutiennent. Les publicistes d'état-major « soutiennent », comme à la place Maub' : en flanquant de solides « marrons ».

Ce sont eux qui, avant de savoir quelle attitude prendrait le général Zurlinden, devenu ministre de la guerre, écrivaient en parlant de lui : « Nous ne dirons rien de ce général, qui porte un nom étranger; mais nous le tiendrons à l'œil ». Ce sont eux encore qui appelaient le général Saussier, autre candidat au Portefeuille : « Un Auguste de cirque, un grotesque ». Pour eux, le colonel Picquart, chef du bureau des renseignements, était « le faussaire émérite », le premier de la maison, quoi ? A propos de la revision, probable, du procès Dreyfus, ils affirment sans barguigner que « si le ganelon de l'île du Diable était alors acquitté cela prouverait simplement que les officiers du conseil auraient été chèrement payés ». Quant à l'actuel ministre de la guerre, un général de l'active, c'est « la canaille, nommée Chanoine »...

Et, en avant! le respect de l'armée. Nos patriotes ne se gênent pas pour dire leur fait aux officiers qui ne marchent point selon leurs vœux. Vendus, faussaires ou suspects! que chacun se serve selon son grade.

Sur ce, l'honneur de l'armée reste intact; c'est eux qui le disent.

Allons! messieurs les agités, un peu de tenue, si possible : l'armée est un tout qu'il faut prendre — ou bien laisser.

On vous aurait cru plus logiques quand on vous vit autrefois acclamer cet Esterhazy, escroc c'est sûr, traître peut-être; mais, parbleu! brillant officier.

SI NOUS ÉTIONS " DANS LES HUILES "

Faut-il que ces sages conseils ce soit nous qui les apportions. L'affaire Dreyfus, convenons-en, a déclassé les partis. Tandis que M. Trarieux révèle les trésors de libéralisme longtemps cachés au fond de son cœur, c'est nous qui sommes amenés à rappeler les bons préceptes de la politique traditionnelle.

Croyez-vous que si nous étions quelque chose dans le gouvernement nous ne ferions pas démentir que le colonel Sandherr, grand artisan de la condamnation de Dreyfus, soit mort fou quelque temps après?

Croyez-vous que nous n'empêcherions pas les gazettes à notre solde de publier des faits divers dans le genre des deux suivants que les journaux bien pensants n'ont pas craint d'insérer hier :

ENCORE UN OFFICIER VOLEUR. — On mande de Toulon qu'un lieutenant a quitté la ville après avoir touché une somme d'argent destinée au paiement des hommes de sa compagnie.

CONSEIL DE GUERRE. — Un jeune soldat, Charles Clodet, âgé de dix-neuf ans, passait aujourd'hui devant le Conseil de guerre de Bordeaux, pour outrages envers un supérieur. Au moment où le président lui demanda s'il n'avait rien à ajouter, Clodet arracha un bouton de sa veste et le lança au pied du Tribunal. Le Conseil délibéra séance tenante et, à l'unanimité, condamna le soldat Clodet à la peine de mort.

Ne pensez-vous pas, avec nous, que le départ du lieutenant mangeur de grenouille pouvait s'insérer dicrètement sous la rubrique « Déplacements et villégiatures »? Peut-être l'officier reviendra?... Quant à la condamnation à mort d'un soldat, pour un simple geste, c'est si banal que, ma foi, on pouvait bien n'en point parler.

Il ne faut pas que le public, le peuple qui semble, hélas! secouer un peu sa torpeur, puisse entendre l'écho des balles cassant la tête de petits Français pour venger l'honneur de l'armée...

SPECTACLES ÉDIFIANTS

Tant de spectacles réconfortants peuvent être lyriquement détaillés qui relèveraient le prestige de nos armes. Parlez-nous longuement de Félix galopant sur le front des troupes — Félix Faure, Gendre et Martyr, que le mot « faux » fait rougir.

Parlez-nous du bon duc Connaught qui tape sur le ventre à Félix. Une belle figure ce Connaught, fils de reine, qui ne dédaigne pas de questionner les pioupious français, et profite des haltes, aux Manœuvres, pour se faire poser sur l'épaule l'as-de-carreau de nos troupiers.

Parlez-nous du sac à Connaught!

Parlez-nous des beaux officiers aux uniformes étrangers, attachés à des ambassades, et qui suivirent les manœuvres, braves soldats saluant nos couleurs et se rendant compte de l'état de nos forces. Ceux-là ne sont pas des espions ! Montrez-nous les successeurs de M. de Schwartzkoppen et de M. Panizardi défilant, émus d'enthousiasme, au milieu de notre État-Major.

Une allégresse patriotique soulèvera le cœur des bons citoyens, et la Nation comprendra peut-être : Allemands, Italiens, Français, tous les officiers sont des frères.

NE REVISEZ PAS

Les peuples aussi pourraient être frères, et voilà ce dont on se doit méfier. C'en serait fini des déguisés, culottés rouges et barrés d'or, qui prétendent qu'on a besoin d'eux. Il faut parler de la guerre prochaine et terroriser les vieilles dames et les jeunes séminaristes.

Il faut faire chanter les mères.

Il faut que dans une atmosphère de frousse, sous le talon de la soldatesque, le troupeau humain baisse la tête.

Hardi ! malgré le vent qui souffle, tout espoir n'est pas éteint. Il faut nier contre l'évidence : la plus petite défaillance, la moindre velléité de franchise peut perdre les plus mauvaises causes.

Ne revisez pas le procès Dreyfus !

Par Avinain et par Mandrin, brûlez vos dernières cartouches! La maison du 2ᵉ Bureau recèle encore quelques hommes valides et je suppose que, dans l'armoire de fer, il doit y avoir des munitions. Garde à vous! rechargez vos armes... Et payez d'audace :

En joue... Faux!

La grève des Juifs

EN GRÈVE

Messieurs les Juifs, les hauts barons, riches banquiers, usuriers de luxe viennent de donner (dernier versement) viennent de donner la mesure de ce qu'on peut attendre d'eux.

Pour sauver leur capitaine, ils avaient, sans aucun doute, fait preuve d'un esprit de suite où leur belle solidarité se teintait de libéralisme... On devait supposer que ces bons juifs traités, somme toute, en parias riches, n'attendaient que le moment propice de prouver qu'ils s'intéressaient au sort d'autres maltraités, d'autres parias, les parias pauvres.

Or, voici que la Grève éclate :

Terrassiers et métallurgistes, peintres et sculpteurs, blanchisseuses et cordonniers, des hommes et des femmes du peuple — cent mille et plus — secouent, un instant, le collier, croisent les bras, relèvent la tête... Ce qu'ils demandent c'est un peu de justice, un salaire moins dérisoire, une existence moins précaire.

Du fait même de la lutte ouverte, du chômage, la crise est plus âpre : le pain manque. Alors, pour que les exploités ne voient pas périr, dans la famine, leurs légitimes revendications, pour que les femmes et les petits souffrent moins dans les tristes logis — des souscriptions s'organisent. Et c'est autre chose qu'une aumône, une charité qu'on sollicite. On attend le geste fraternel :

— Pour de braves gens, s'il vous plaît !

Les Juifs n'ont pas entendu.

Je sais bien que dans les listes, publiées par les journaux, figurèrent les souscriptions de quelques israélites : ce furent d'humbles oboles.

Israël ne marcha pas.

Les hauts barons ne baissèrent point le pont-levis de leur coffre-fort.

Il aurait suffi que l'un d'eux, épris — selon la formule — de Justice et de Vérité, restituât quelque grosse somme, pour qu'un peu d'espoir revînt et permît de continuer la lutte pour le droit — le droit du plus faible.

Mais ce droit-là n'est pas dans les codes : les riches banquiers ne s'émurent point.

Et tous les usuriers de luxe, gros financiers, marchands prospères, qui versent sur le cas de

Dreyfus les larmes de Salomon, ne versèrent rien pour la grève.

L'occasion pourtant était belle de se faire pardonner un peu le scandale de la fortune. Une caste puissante pouvait montrer que cette Justice qu'elle invoque, qu'elle réclame pour l'un des siens, elle était capable aussi de la vouloir pour les autres, pour le peuple, pour l'ouvrier...

Cette preuve-là était à faire.

Elle est faite. Faite à contre-sens. Et si nous continuons à combattre, comme hier, les antisémites, ces tenants des banques catholiques, il nous plaît d'écrire également ce que nous pensons des grands juifs — plus bourgeois encore que juifs.

Allons-y ! comme disait l'autre.

On a parlé ces temps-ci de coup d'état, de coup de force. Des généraux compromis, et que de simples gendarmes guettent, auraient rêvé d'en finir lestement, militairement, avec certaines enquêtes inquiétantes pour leur Étoile.

Les faussaires de l'État-Major, naturellement étaient de l'affaire. Et tous les hommes de réaction devaient suivre comme chien qu'on siffle.

Cette conspiration des soldats contre les pékins raisonneurs, était d'autant moins invraisemblable que ce fut le complot de toujours. Des événements récents en rendaient l'exécution plus probable — et voilà tout.

C'est donc à l'instant précis où cette menace était dans l'air qu'en face de la force armée, conduite par des chefs factieux, pouvaient se dresser tout de suite, groupées déjà, d'autres forces, les forces prolétariennes que la grève avait mises sur pied...

La perspective redoutée de voir les cheminots s'y joindre, paralysait, le long des voies, un énorme contingent de troupes. La partie n'était plus douteuse :

La Grève faisait échouer le Complot.

Qui sait, au reste, si ce n'est pas l'éventualité de cette grève qui retint, au dernier moment, l'élan de la soldatesque ?

Il est urgent d'ajouter que les puissants juifs, dans l'aventure, se mirent contre les grévistes. Et ce ne fut plus seulement passif. Des hommes qu'on leur sait acquis, je veux dire des " philo-sémites " firent campagne contre le Syndicat : le Syndicat des Chemins de Fer. Le *Radical* eut des mots durs, le *Siècle* de M. Guyot se distingua par sa bonne foi, et la *France*, d'un Léon Grilhé, demanda des arrestations...

Quant à ce bon M. Trarieux, il n'écrivit pas de lettres là-dessus. Mais nous ne saurions oublier que ce fut lui qui, autrefois, proposa que les employés de chemins de fer fussent assimilés aux soldats, c'est-à-dire n'eussent pas le droit de se syndiquer, de se défendre. Mécaniciens, chefs de trains, poseurs de rails, fermeurs de portières, justiciables des conseils de guerre. Et peut-être bien les chefs de gare, avec le grade de capitaine, poursuivables même à huis-clos.

Le régime du Sabre... sur toute la ligne.

Lorsque le sinistre Galliffet, le général sanguinolent qu'estime M. Joseph Reinach, affirma que l'armée permanente n'aurait bientôt plus raison d'être, que sous la forme d'une gendarmerie, il dut avoir la vision d'un Paris comme celui-là même dont nous jouissons depuis trois semaines.

Ce n'est que rondes et patrouilles. Un bruit de ferraille par les rues. Des lignards, en petite escouade, sous le commandement d'un sergent de ville. Des officiers demandant le mot d'ordre aux inspecteurs de police. Sac au dos, tenue de campagne, cartouches dans les gibernes, soldats, hommes d'armes, gendarmes, toisant l'ouvrier qui passe...

Les chevaux des municipaux empiètent sur les trottoirs.

Des bivouacs dans les impasses. Des campements dans les gares. Des postes devant les chantiers. Au ceinturon des officiers, l'étui noir des revolvers. Aux canons de tous les fusils, l'acier luisant des baïonnettes.

Et les baïonnettes cyniques et les revolvers chargés, tout prêts dans leur gaine de deuil — homme simple, gréviste patriote, tu sais pour quoi, tu sais pour qui!

Les Allemands ne sont pas à nos portes. La patrie n'est pas en danger. Ici, le coup de force est contre toi. C'est le capitalisme bourgeois qui mobilise les bataillons et redit à l'armée docile :

— Votre ennemi, c'est notre esclave !

Les grévistes ont dû réfléchir.

D'ordinaire, quand le rude travail, dès le petit jour, les happe, ils n'ont pas le temps de penser. La nuit les reprend, fourbus, pour le lourd sommeil inconscient.

Mais à ces vacances, sans pain, qu'on nomme la grève et le chômage, si la ceinture se serre d'un cran, l'esprit s'élargit d'une idée. Les groupements corporatifs ont appris que, dans les batailles prochaines, ils ne devront tabler que sur eux.

Ils ont, avec un beau dédain, prié les politiciens, les candidats, prêcheurs de calme ou de violence, mouches du coche, d'aller, plus loin, bourdonner.

D'autres appréciables résultats encore ont été atteints. Les syndicats professionnels, pour la plupart, ont eu gain de cause, et tous se sont rendu compte de leur faiblesse et de leur force.

Ce ne fut qu'une répétition, même pas, indiscutablement, la répétition générale. La grève ne fut que partielle. Et d'autres ainsi passeront avant la pièce à grand spectacle. La Grève, la grande, la Générale, celle qui peut vaincre la bourgeoisie, ne se décrètera pas à jour fixe, telle une loi qu'on promulgue. L'idée pénètre, fait son chemin, pour éclater quelque beau soir où l'on y songera le moins.

C'est la grève de Damoclès.

Maintenant, sur les chantiers, dans les ateliers où, pour une nouvelle période, les affamés ont rengagé ; dans les bagnes, dans les usines, s'échangent, entre ouvriers, les espoirs moins vagues de Demain.

Quand le monde des travailleurs, pour le bon coup, s'arrêtera net, les bourgeois n'auront plus besoin de s'imposer des souscriptions...

Et comme les compagnons, malgré les rides précoces, ont conservé le regard moqueur, ils sourient, ils blaguent un peu, en se faisant passer les listes que fournirent les « amis du peuple ». A côté de l'offrande cordiale des gueux, frères de misère, et des hommes sans arrière-pensée, s'affiche le *bedid gommerce* des gens qui pour de courtes sommes, de 5 francs à 15 centimes, inscrivirent de longues devises qu'on paierait cher — à la ligne.

De la Sociale, il fut peu question.

Les juifs et les purs chrétiens, les bons amis du Commandant, les enthousiastes du Capitaine, prodiguèrent, dans les prix doux, leurs invectives et leurs bravos; « Vive Dreyfus... 0 franc 60 » « A bas Zola... 1 fr. 20 ». On vit même des négociants, artistes et littérateurs, vanter leurs petits produits : « En l'honneur du livre que, etc... 3 fr. 50 » « La grande maison Un Tel, spécialité de vins d'Algérie, collecte faite par le personnel, A. L. 0 40, B 0 10, M. 0 15, etc., etc., (ensemble)..., 2 fr. 25. »

Il y eut aussi l'annonce cocasse. Je jure que je n'invente pas. Celle-ci se plaçait en tête d'une des listes de samedi dernier :

« Un Turco et son Américain............ .... 5 fr. 50 »

Sans doute le joyeux dollar était la mise de l'Américain. Quant à la pièce de dix sous, c'était le don du Turco...

Et puisque, par ce Turco, nous revoilà sur les militaires, un mot encore pour les grands juifs : je les crois très Américains. Je veux dire, sans impertinence, que les capitalistes circoncis, aussi bien que les baptisés, sont naturellement portés à l'amour de la culotte rouge : l'Armée protège le Coffre-fort.

Le Soldat fait face au Gréviste.

On a vanté scandaleusement les sémites dorés sur *tronche*, en leur faisant, sans mesure, l'honneur de les accuser de combattre le militarisme. Rien n'est plus faux — si ce n'est peut-être un document de l'état-major. Pour des raisons personnelles, ils ont pu faire certaines réserves au sujet de la condamnation d'un officier mal connu ; mais je ne sais pas de nationaliste lançant avec plus d'entrain ce noble cri : Fif l'armée !

Questionnez-les ? Ils vous diront que l'Armée c'est un pur trésor, l'espoir de la France mutilée, la tranquillité dans la rue, le maintien des cours à la Bourse... C'est le drapeau flottant sur la Banque — le pavillon sur la marchandise. L'or et l'argent des uniformes scintillent comme des reflets. Les galons ne sont pas en laine : les grands chefs ont de la valeur.

Les princes de la finance ont conscience de leur devoir. Vienne le moment de le prouver, ils s'imposeront des sacrifices. Qu'Arthur Meyer organise un carrousel bien militaire, vous verrez que tous ces seigneurs, qui firent grève à la Grève, paieront leurs fauteuils des prix fous.

En attendant, ils donnent leurs filles, avec de gros sacs d'écus, à des messieurs dont les képis ont encore des airs de casquette. Tant pis, si l'on bouffe les dots! tant pis si l'on perd au jeu... La banque paiera pour le sabre. Et c'est avec des saucisses que les juifs attacheront leurs chiens...

Bientôt s'effacera le souvenir d'un déplorable malentendu. Les barons juifs et les autres s'accorderont comme barons en foire. Judas embrassera Basile. L'état-major de la Bourse acclamera celui de l'Armée. Les honnêtes gens de tous les partis auront à cœur de se laver de tous soupçons infamants; ils renieront d'impurs contacts avec les hommes de Liberté. Ils cuisineront, sans rancune, le salut de la Société.

L'Ile du Diable serait admissible — en tant que plage anarchiste.

Drumont et Vacher

CONSULTATION ANTISÉMITE

Comment vous va?

Chacun sait que M. Drumont porte un bandage herniaire. C'est là un fait historique : il nous le confia dans un article. Nous avons cru qu'il serait intéressant de rechercher jusqu'à quel point cette disgrâce physique du chef des antisémites pouvait affecter son « moral », — sa morale, si vous voulez?

Mettons Doctrine, et parlons-en.

J'ai consulté son bandagiste, antisémite militant lui-même, qui pour une petite réclame n'a pas hésité à violer le secret professionnel. Je n'abuserai pas des confidences et ne ferai pas la petite réclame. Une chose reste acquise : la hernie n'est pas seulement la pénible tumeur molle qu'il faut religieusement comprimer; il paraît que cette infirmité apporte parfois aussi, dans l'organisme prédisposé, certains troubles graves dont la science commence à se préoccuper. Ce sont des troubles cérébraux : manie du mensonge et des faux, folie du meurtre et des grandeurs.

Il est urgent de soigner Edouard.

Evitons que ne s'aggrave le mal : pas d'excitants, pas d'émotions. Evitons surtout, avec soin, la fatale hernie étranglée.

Etranglée! Les mots vont vite... Et l'on songe à la Vérité, cette belle fille toute nue qui passe, à travers les âges, portant toujours, à la gorge, la trace sanglante des ongles de tant de chrétiens et de tant de juifs.

Pour le Prince

Si, en ce moment, peu de sémites ont bonne tenue dans la mêlée, et daignent voir plus loin que Dreyfus, ce sont quand même les antisémites qui détiennent apparemment le record de la mauvaise foi.

Lisez la *Libre Parole*, d'où partent tous les mots d'ordre, où se trament toutes les intrigues, où, non sans esprit pratique, s'ourdissent tous les complots basés sur les fanatismes religieux et patriotards. Comprenez le sens, à peine caché, des vocables que les tacticiens emploient pour préparer, de loin, l'oblique des mouvements tournants : de patriote et républicaine que s'intitulait la *Libre Parole*, elle est, à présent, devenue tout simplement nationaliste — ce qui voudra dire, demain : traditionnelle et royaliste. Je ne vais pas tirer ma preuve de déductions, faciles pourtant... Elle apparaît matérielle. Il suffit de constater que, à l'effacement de toutes autres communications de groupes politiques, le journal de M. Drumont insère, en ses meilleures places, les convocations des Comités royalistes, parlotes dont elle ne manque pas d'imprimer des comptes rendus où ses sympathies se dénoncent. Les pires roublards ont, ainsi, des maladresses qui déconcertent — et qui les livrent.

De même que les maris trompés, les républicains d'Algérie seront, sans doute, les derniers à s'apercevoir, un laid jour, des trahisons de leur élu.

Ils attendront le flagrant délit.

Comme l'heure est proche, on peut causer. Drumont est l'homme de la crise. On le sent l'artisan louche d'une réaction sans majesté; ce n'est pas le grand premier rôle décoratif et de belle allure, c'est le troisième rôle, le rôle du traître de mélodrame et de sacristie.

Le traître devait crier : au traître !

C'est lui, Drumont, ce sont ses amis, les Sandherr et les du Paty, qui semblent avoir machiné cette tortueuse affaire Dreyfus, destinée à prouver au peuple que tous les juifs vendent leur patrie — et que la France, par conséquent, sous la république enjuivée, est à la merci de l'Allemagne. Les bataillons de la Ligue des Pitres se chargèrent de la conclusion, pour les poires, à travers les rues, en mêlant aux : A bas les Juifs ! de retentissants : Vive le roi !

A quand le retour du Prince ?

Logiquement

Le Prétendant ridicule, dont le premier acte politique fut de réclamer une gamelle, flaira que l'instant était venu de s'adresser à son bon peuple. Le prince signa un manifeste où, économisant même tout travail de rédaction, il se contentait de répéter les déclamations tricolores qui font la joie, quotidiennement, des lecteurs de la *Libre Parole*, de la *Croix* et de l'*Intransigeant*. L'accord ainsi pouvait se faire, le nouveau parti se constituer. Car, enfin, je vous le demande :

Si c'est le Roi qui a raison, pourquoi garder la République ?

La cour des Miracles

République ou bien monarchie, parlementarisme ou dictature ne sont d'ailleurs que des formules de syndicats en concurrence — syndicats de tondeurs de peuple. Tondus par les mains d'un roi ou les mille pattes d'un parlement, les Français de l'année qui court se désintéressent du détail. Quelques bandes de salariés figureront le peuple, comme au théâtre, et, pour le compte du plus payant, manifesteront au nom de la France.

Quant aux hommes libres que dégoûtent la bassesse et l'hypocrisie de la société contemporaine, ils ne sauraient marcher sans réserve pour la défense de cette république qui créa le délit d'opinion et fit des lois contre l'Idée.

Aussi, ma foi, dans la bagarre où ne nous rallie aucun drapeau, il n'est qu'un plaisir à prendre : celui de pointer au passage, comme il convient, les faux bonshommes qui se hissent aux épaules des foules pour pouvoir, de plus haut, mentir.

Le grand Chicard et dom Basile, les lanciers et les débardeurs, Déroulède, Drumont, Millevoye, les Meyer et les Polonnais donnent à la cohue des allures de descente de la Courtille.

Ils vont, s'agitent et se démènent. Judet, déguisé en lieutenant, porte Gyp sur ses épaules. Barrès, en costume d'eunuque, cherche en vain son « moi » dans ses poches. Forain se fait la tête de Lepelletier ; Humbert, celle d'un honnête homme. Le beau Nenesse joue du couteau. Caran d'Ache joue les culs-de-jatte.

La cour des Miracles descend : des curés, des « sans Dieu ni Maître », des abusés, des renégats, des soutanes et des casquettes. Dans la boue de tous les ruisseaux, ils ramassent leurs confettis, leurs arguments de carnaval... Et les badauds éclaboussés s'entre-regardent et se demandent s'ils doivent rire ou s'ils doivent siffler.

Drumont pour tout !

Drumont, député d'Alger, élu comme républicain, mais qui veut la France aux Frocards, conduit l'étrange cotillon où doit danser l'argent des juifs. C'est un ballet en deux tableaux : banque catholique contre banque juive.

C'est la valse des concurrences.

Et c'est au moulin de la Galette que devraient se tenir les meetings. L'habit ne serait pas de rigueur car ce n'est pas lui qui fait le moine... Mais entre deux contredanses, on pourrait faire sauter les masques.

Masque, cagoule d'inquisiteur ! Face patibulaire de marchand. Masque-réclame pour le bi-borax. On se souvient que la *Libre Parole Illustrée* publia — elle en mourut — comme dessin de sa première page, un portrait-charge de son directeur, en costume de teinturier, lessivant la carte de France :

« C'est avec le bi-borax Un Tel, annonçait la chère légende, qu'Edouard Drumont nettoie le pays ! — Le bi-borax enlève les taches, décrasse, dégraisse, etc.; en vente chez les épiciers. »

Quel juif eût trouvé celle-là ? Annonces sordides. Mannequin à vendre. Homme sandwich. Drumont pour tout ! C'est au milieu de son journal, quelques jours après le suicide du lieutenant-colonel Henry, qu'on trouvait sous le titre : ALLONS-Y ! inscrit en lettres capitales... une annonce de terrains à vendre !

Quand ce funambule de Mi-Carême offre, à la Reine des blanchisseuses, une paire de boucles d'oreilles, il fait glisser, dans le compte rendu, la réclame du bijoutier. Si, en l'honneur d'une élection, on vide des coupes, au journal, le reporter ne manque jamais de chanter la marque du champagne.

Le reporter ne chante pas seul. Masque de comparses. Masque et guitare. On dit que notre président, le vieil ami de M⁻ᵉ Gyp (les relations datent du temps où Félix corroyait des peaux), on dit que M. Félix Faure n'a rien à refuser à Drumont qui le fait sotter en mesure au moyen d'une photographie. Ce talisman ne serait autre que la reproduction exacte de la Carte spéciale d'une dame qu'une alliance fit sa proche parente. Pas de chance, en famille, le tanneur : Oh ! la peau ! la peau ! la peau !...

Malheureusement pour Drumont, s'il a d'instinct toutes les rouéries, il n'a pas le sens du ridicule. Le pauvre jaunit de dépit quand, à son retour d'Angleterre, le peuple fit fête à Rochefort.

Il voulut jouer à son tour le pamphlétaire exilé : il fila par le train de Bruxelles, sans raison et sans autre rime que de faire la rime à Rochefort. Lorsqu'il revint, quelques mois plus tard, Drumont qui compte pourtant ses pièces ne regarda pas à la dépense : le Tout-Paris du Croissant lui fit un cortège grotesque.

Une imbécile vanité entraîne cet homme, au moins laid, à se faire tout le temps portraiturer. Il ne se doute pas de l'effet produit. De face, de profil ou de trois-quarts, il grimace sur des affiches, il fait la retape sur les murs.

Masque du Maître, masque de valet, masque de fureur et de frousse. Masque disparate : regard oblique, cheveux gras d'onctueux séminariste, lèvres lippues de Bamboula, poil hirsute de vieux rabbin. De tout, dans l'ensemble faux : du policier ratiocinant selon l'Évangile de Saint-Marc, de Quasimodo terroriste brandissant l'épée de Saint-Georges.

Masque d'escrime ! Vous avez vu, aux vitrines des librairies, dans cette série de photographies représentant « nos contemporains chez eux », un effarant portrait de Drumont. Communément, nos gens célèbres préparent, pour le photographe, le beau désordre de leur bureau, l'air inspiré, le livre ouvert, l'exposition des bibelots. Les femmes rêvent parmi des fleurs. Drumont prit la pose héroïque d'un maître grimaud sous les armes :

veste rembourrée d'escrimeur, fleuret en main —
masque sous le bras — une lueur martiale dans
les lunettes.

Trremblez ! ennemis de la Rrrace...

Le sociologue est un rude champion. C'est lui
qui dans certain duel, contre une lame peu
experte, continua à fourrager après le commandement : halte ! c'est-à-dire lorsque l'adversaire
était par là même désarmé.

— Quand je me bats... je me bats, proféra-t-il
pour se disculper.

Drumont fut-il responsable ? On voulut admettre que non ; ce jour-là, le preux chevalier
esquiva la Cour d'assises. Vacher, le mystique
Vacher, vient d'avoir moins de chance que lui.

Vacher mystique

Vacher, que le jury de l'Ain reconnut pleinement responsable, n'était pas un antisémite.

C'était un anti-berger.

Le fol entendait des voix. Et, quand revenait
le printemps, comme on effeuille pâquerettes, il
éventrait de jeunes pâtres.

— C'est ma Mission ! répliqua-t-il au juge qui
l'interrogeait.

— C'est mon Œuvre ! clamera Drumont quand
l'Algérie flambera les juifs.

Je ne veux pas injurier Vacher, condamné à la guillotine ; mais il est bien certain, pourtant, que ses hurlements : Mort aux bergers ! équivalent sensiblement au cri de Drumont : Mort aux juifs !

Je sais que Vacher pourrait me dire qu'il n'eut jamais l'intention de dévaliser ses victimes. Ce chemineau apostolique qui répondit au président : « Je me fous de vous, je me fous des hommes. Je ne relève que de Dieu », ce féroce envoyé du Ciel n'a pas caché son opinion sur les bandes de tous les Max qui assomment pour dévaliser :

— Je ne suis pas un voleur ! s'écria-t-il. Ceux qui tuent pour dépouiller sont des misérables !

Vacher parla aussi de Jeanne d'Arc. Il insista sur le côté pieux des historiques éventrements, toujours commis par ordre céleste :

— Je ne pouvais pas faire autrement, puisque la divine Providence l'ordonnait.

Et comme le procureur fait observer que de longues années l'impunité fut acquise au sinistre fléau de Dieu :

— C'est évident, conclut Vacher, la Providence me protégeait. C'est elle qui me conduisait.

Le révérend père Olivier serait le premier à reconnaître qu'hormis le bazar de la Charité, l'on ne vit rien de plus édifiant... Et quant à toi, ô

Didon, révérend père Coupe Toujours, prêcheur de sermons sanglants,

> Du haut d'la chair', ta place coutumière...

ô père Didon, tu dois être content...

Le catholicisme de Vacher vaut celui de tous ces bons moines. Sa maîtrise fit moins de victimes que ne rêve d'en abattre Drumont.

Encore Vacher, oint du Seigneur, excipe-t-il, pour sa défense, qu'il fut autrefois léché par un cabot enragé. Les Didon, les Olivier ont fait leurs aveux sadiques. Drumont ne nous a fourni que l'excuse de son bandage !

Tous ces gens-là sont des malades, inscrits à la même clinique : des obsédés, des difformes, loufoques et loups-garous...

Libres paroles

J'ai, sous les yeux, une carte de France, où l'on a marqué, en grisaille, les biens des Congrégations en 1881 ; sur la même carte, par des taches noires, on a de plus figuré l'étendue actuelle de ces biens. Le bi-borax n'y ferait rien : les taches noires se plaquent sur le pays telle une lèpre envahissante. De 1881 à 1898, l'étendue de ces pieux domaines a triplé sur le sol français. Leur valeur, à tout compter, atteint une dizaine de milliards !

Tandis que les Congrégations accaparaient ainsi le sol, les *conquistadores* sémites conquéraient comme ils pouvaient. La lutte est entre complices qui se disputent la Terre et l'Or. Les formes de gouvernement interviennent, comme conclusion, selon que les belligérants supposent qu'elles s'adaptent mieux au vol rural ou de la Banque : les jésuites sont royalistes, les juifs sont républicains.

Le peuple n'est qu'affamé.

La France aux juifs ou aux jésuites... Qu'est-ce que vous voulez que ça fasse au citoyen qui, ce soir, n'a pas vingt sous pour dîner.

Pauvre peuple ! On le mêle à tout. Vacher s'écriait lui-même, dans une troublante apostrophe que les journaux ont rapportée :

— Que me veut-on ? j'ai le peuple pour moi...

Drumont dit l'avoir aussi.

Vacher — Drumont ! Toute l'Epoque... Gnômes cyniques de la Fin d'un Monde, larves parentes, frères jumeaux palabrant au pied de la Croix. L'un convaincu, l'autre truqueur : Vacher qui, ne l'oublions pas, débuta comme frère mariste et s'acheva comme sous-off. Vacher qui porta le sabre, Vacher qui tint le goupillon...

Drumont qui tient la Boutique !

Enfants martyrs

UN BIRIBI
POUR LES GOSSES

L'autre jour, devant la vitrine d'un pâtissier, un garçonnet, chaudement vêtu, auquel sa maman refusait une troisième tarte à la crème, se mit à crier :

— Je meurs de faim !

La foule s'ameuta très vite, et les commères du quartier, trois concierges, deux cuisinières et une marchande de poisson, invectivèrent la maman. Elles l'auraient battue sûrement, si la bonne dame, prise de peur, ne s'était enfin décidée à faire emplette, pour le gamin, d'une demi-douzaine de gâteaux. L'enfant, sans doute, en fut quitte pour une légère indigestion.

Le gosse avait fait chanter sa mère.

L'enfant martyr est à la mode. Depuis le petit Pierre et les Deux Gosses, la fibre populaire tressaille... et un papa assez osé pour tirer l'oreille d'un marmot est dénoncé par son pipelet. La moindre pichenette au bambin émeut les voisins, belles âmes qui croient de leur devoir civique d'écrire des lettres au commissaire. Un usage enraciné veut, d'ailleurs, que toutes ces lettres, des voisins comme des concierges, soient prudemment anonymes. Il y a ainsi de basses vengeances qui trouvent moyen de s'exercer. Il y a surtout la délation, qui est un plaisir bourgeois.

Les loupiots, qui, avant de lire les journaux, les ont entendu ânonner et commenter en famille, ont appris, par les faits-divers, que, contre tout méchant traitement, la Société les protégeait.

La Société ! des grandes personnes, qui ont le droit de punir maman et de mettre papa en pénitence. La Société ! s'ils savaient...

Eh bien ! nous allons le dire, le montrer à tous, petits et grands, ce qu'elle fait, la Société, la paternelle Société, des enfants qu'elle prend en tutelle. Voici la maison de correction.

Ici l'on souffre, on saigne, on jeûne. Ici l'on tue.

C'est à Aniane. Citons des noms, citons des faits. Il faut qu'un de ces Biribi, lugubre autant que ceux d'Afrique, plus poignant, peut-être, puisqu'on y tenaille de la chair encore puérile, apparaisse dans son jour sinistre. C'est autre chose qu'un article à faire. Et c'est mieux qu'un réquisitoire. Ce devrait être un procès-verbal :

Aniane, colonie pénitentiaire. Directeur : M. Naret. Médecin : M. Rouveyrolis. Quatre cents colons : les plus jeunes ont à peine huit ans !

Cette colonie n'est pas, au reste, pire que les autres : Saint-Hilaire, Douaires, La Loge, Eysses, sévissent sur le même modèle. Mais c'est d'Aniane que je peux parler, en mettant les points sur les i — en mettant les noms sur les morts.

Il s'appelait Vaillanberg, celui-ci ; il avait dix-sept ans. Jeté en cellule pour une tentative d'évasion, l'enfant tomba sous la coupe d'un gardien qui l'avait en haine. Ce gardien, ce fonctionnaire, ce tortionnaire nommé Périal, poussa l'ignominie au point de priver sa victime de la portion de nourriture accordée aux enfants punis : une soupe tous les quatre jours.

Périal vida dans les latrines la gamelle du petit martyr.

Pendant trois semaines, le malheureux vécut au régime d'une mince tartine de pain que, chaque jour, on lui lançait. Et, des cellules voisines, ses petits camarades l'entendirent, de longues nuits, sangloter en demandant à manger.

— Par pitié ! par pitié, j'ai faim...

Le matin du vingt et unième jour, on le trouva mort dans sa cellule — avec, aux dents, des débris de plâtre que l'enfant avait mâchonné...

Mais, ce n'est là qu'un assassinat dont le directeur, je dois le reconnaître, se montra lui-même affecté. M. Naret blâma le gardien.

Il n'y eut pas, toutefois, d'enquête.

Ce blâme directorial, ce blâme public d'un gardien devant les enfants assemblés, était d'ailleurs sans précédent dans les annales de la Colonie.

Le scandale n'alla pas plus loin.

Par exemple, ce que M. Naret, d'accord avec le règlement, n'appelle pas un scandale, trouve naturel et congru, c'est le régime cellulaire, appliqué selon le tarif : une soupe tous les quatre jours, nous l'avons dit, plus une demi-boule de son chaque matin — 500 grammes de pain : son et paille.

Tel est l'ordinaire fixé pour les jeunes « colons » punis.

Et notez que les petits êtres que l'on soumet à ce régime, ont été punis le plus souvent pour des fautes dans le genre de celles-ci : ils ont causé pendant le travail. Ils ont ri pendant le repos. Ils ont ri...

Pauvres gamins de nos rues qui couraient l'école buissonnière, jeunes vagabonds sans famille, qu'arrêta le sergot, un soir, et que, le lendemain, un magistrat dépêcha sur la Colonie, pour y attendre leurs vingt ans... Ils ont ri !

Peut-être bien était-ce dans les premiers jours de leur incarcération, étonnés, presque inconscients, ne se rendant pas compte encore, amusés de la mascarade qui tout à coup, les défigure. Dès leur arrivée, en effet, on les affuble d'un costume fabriqué de pièces en deux couleurs : une manche, un côté de la veste est bleu, l'autre côté blanc. De même pour le pantalon : une jambe est blanche, l'autre est bleue.

Puis, le perruquier s'empare d'eux et s'occupe de leur coiffure : une raie, d'abord, au milieu. Le rasoir fait tomber, ensuite, la moitié de la chevelure. A droite le crâne apparaît comme affligé de pelade, tandis que des mèches insoumises se dressent sur le côté gauche...

Et les petits s'en vont ainsi, matriculés et flétris. Ils vont, blancs et bleus, chauves à demi, tels des arlequins lépreux, des pauvres pantins disloqués...

Ils vont vers les ateliers où ce sera les travaux forcés.

Charrons, menuisiers, ferblantiers, les enfants besognent dès le petit jour, sous les ordres d'une équipe de brutes, qui les harcèlent et les bâtonnent.

Comme repos, ou plutôt en guise d'éducation morale, on leur fait, une fois la semaine, faire l'exercice du fusil. On leur apprend aussi la boxe.

Les enfants qui sont maladroits, durant les leçons d'ensemble, se perfectionnent en cellule où les gardiens ne manquent jamais de leur infliger (boxe et chausson) quelques leçons particulières. Coups de poing, coups de pied, toutes les formes connues de passage à tabac, avec quelques raffinements, sont l'habituelle distraction de cette chiourme désœuvrée, atteinte de délire sadique.

Au mois d'août de cette année, le jeune Tissier était en cellule depuis une huitaine de jours lorsque le perruquier accompagné d'un gardien vint pour le raser à l'ordonnance. Le pauvre petit avait été, au cours de la semaine, si bien traité qu'il avait des trous dans la tête.

Le savon du perruquier, mordant le crâne mis à vif, causait si cruelle douleur que l'enfant ne retenait plus ses cris.

C'est alors que pour le faire taire, le surveillant Berlinguy, pendant qu'on rasait Tissier, se mit à le frapper, sous le menton, avec la boîte à rasoir!

Le patient eut un sursaut, et le rasoir du perruquier taillada dans le cuir chevelu...

Je pourrais narrer encore maintes édifiantes anecdotes qui datent d'hier... et de là-bas.

Seraient-elles capables d'émouvoir les singuliers amateurs pour lesquels les quotidiens maintiennent et truquent, en permanence, la rubrique des « enfants martyrs » ? Je ne sais. Certain public ne vibre qu'au roman-feuilleton. Le strict exposé des faits ne sollicite que rarement ses troubles sensibleries. Ceux qu'on appelle les « honnêtes gens » n'aiment pas voir mettre en cause cette mégère : la Société !

Et c'est elle que je traîne ici.

Ce n'est plus un cas spécial, grossi par la malveillance et exploité par la presse — comme l'aventure récente de ce ménage sans travail qui nourrissait mal sa nichée, et que les bourgeois de l'entre-sol accusèrent d'être des bourreaux...

C'est la Loi, l'Administration, responsable dès l'origine. C'est l'État, premier coupable de ce qui se passe dans ses geôles, dans ses maisons de correction, ses colonies pénitentiaires — conservatoires d'enfants flétris, pépinières de petits martyrs.

J'y reviendrai, s'il le faut, si l'on ne fait rien

pour ces petits, si l'on tarde à vérifier l'exactitude des renseignements puisés aux sources sanglantes. Les faits fourmillent, tragiques.

Poussés à bout, des enfants tentent de se pendre ou de se noyer. Frileux, un garçon de treize ans, a le bras cassé d'un coup de bâton par le surveillant Dumas. Le jeune Rémond meurt d'épuisement à peine sorti de cellule...

En cette minute, dans les cachots, d'autres enfants crient : au secours !

Pour tous motifs, il n'importe, les petits ont été punis. Ils n'iront pas à l'atelier, ils ne coucheront plus au dortoir.

Et cela durera des semaines — selon le tarif et la Règle.

Nu-pieds, dans la cellule humide, l'enfant, les huit premiers jours, a les bras liés derrière le dos. Des menottes lui serrent les poignets. Huit jours ! Sans trêve, sans répit, sans qu'on le détache un moment. Mais comprend-on ? Mais sait-on lire ? Sait-on sentir ? Veut-on penser : je dis huit jours, je dis huit nuits ! les bras rejetés en arrière, maintenus par la chaînette froide.

Allons ! les mains derrière le dos. Essaye une minute, lecteur. Sors la poitrine, efface l'épaule...

Huit fois vingt-quatre heures ainsi. Sans sommeil, sans repos possible aux heures des nuits interminables. Et défense durant les jours de s'accoter le long du mur. Attention ! le gardien passe... gare à tes pieds, pauvre gosse, à tes pieds nus que les surveillants déchirent du talon de leurs bottes.

Le gardien t'a jeté un pain.

Baisse-toi, déchiquète, mange en chien... Quand ce sera jour de gamelle, tu la prendras avec les dents.

Pour d'autres besoins, on t'aidera... si tu es sage, si on a le temps. Ne pleure pas ! N'appelle pas : maman ! C'est le gardien qui va venir...

Au bout de la semaine, le jeu change.

On ôte cadenas et menottes. Les bras raidis, ankylosés, ne retombent pas le long du corps. Alors, par petites saccades, le gardien les ramène à lui — et pour huit nouvelles journées remet les menottes en avant. . . . .
. . . .

J'attends maintenant le démenti. Les enfants montreront leurs bras...

Bras décharnés, poignets bleus. Et les visages émaciés... C'est à Aniane. Qu'on aille voir !

Aniane, Biribi des gosses, où l'on plagie la crapaudine, où les gardiens sont des chaouchs, où les cellules riment aux silos.

Lorsqu'ils sortent de ces tombeaux, l'œil vague, l'être brisé, les enfants n'ont guère envie de faire des niches aux gardiens.

— Ça les dresse, disent les chaouchs.

Les petits retournent au travail, longeant les murs, à pas menus..., si faibles, si chancelants que suivant le mot de l'un d'eux, dont j'entends encore la voix :

Un coup de vent les fout par terre...

Au Biribi des Gosses

UNE LETTRE

J'ai dit qu'à la colonie pénitentiaire d'Aniane, par le bâton et par la faim, on fait mourir des enfants.

On me répond que ces enfants ne sont pas vêtus comme je l'indique !

L'odieuse livrée bicolore, bleue d'un côté, blanche de l'autre, la tonsure d'un côté de la tête, sont exceptionnelles seulement. C'est l'Administration qui le prétend. On ne rase que les « fortes têtes ». On ne déguise en arlequin, on ne marque, on n'avilit que les plus indisciplinés : ceux qui s'évadent ou qu'on suppose avoir l'intention de s'évader. Combien sont-ils donc ceux-là qu'une pensée d'évasion travaille, combien sont-ils qui, las de souffrir, rêvent de s'enfuir par les routes, loin de la geôle où l'on prive de pain, loin des cellules où les menottes, jours et nuits, tenaillent la chair ? Un seul jour, ils partirent dix-huit. Une autre fois, cent cinquante tentèrent de gagner l'air libre...

Wayenberge, dont j'ai dit la mort, (on me reproche d'avoir mal orthographié son nom) n'aurait pas été, un matin, trouvé roide dans sa cellule avec, aux dents, des débris de plâtre, mâchonné pour tromper la faim. Nous rectifions. C'est du chlore qu'afin de mourir, le pauvre gosse avait absorbé — le chlore qu'au fond du baquet on met comme désinfectant.

A cela près, tout est exact : les coups de pied, les coups de bâton, faces meurtries et bras cassé. En vain l'Administration essaie de se disculper. On ne peut plus nier que les enfants punis n'aient qu'une soupe tous les quatre jours. Il faudra reconnaître que ces petits, la chevelure à moitié rasée, les mains liées derrière le dos, défilent une honteuse parade, devant leurs camarades réunis. Affublés du costume grotesque, pieds nus dans les gros sabots, ils vont le pas incertain ; souvent le poing d'un gardien précipite leur marche indécise ; ils trébuchent, se redressent, ils passent les petits enfants dégradés. Et les autres, les camarades, fixes dans le rang, les yeux rouges, se disent : les reverrons-nous ?

A l'heure où paraissent ces lignes, un député, M. Fournière, apporte devant la Chambre

l'ensemble des faits et des preuves. Parmi les pièces à conviction, il y a des lettres de détenus, il y en a même de gardiens — les témoins ne sont pas anonymes. Sans doute Fournière lira cette lettre que je publie, telle quelle, ici ; elle émane d'un jeune « colon » rendu à la vie depuis peu et qu'hier je ne connaissais pas. Avec dix autres, aujourd'hui, l'enfant est prêt à parler.

Paris, le 23 novembre.

Monsieur,

J'ai lu la Feuille, intitulé l'Enfant martyr, dans laquelle vous dévoiler sous les yeux du public les abominables tortures que les enfants subissent à Aniane.

Eh bien, ce que vous racontez est véridique, puisqu'à l'époque où se passait toutes ces infamies j'étais encore le pensionnaire du cruel bourreaux qui dirige ce lieu de torture. J'ai connu toutes les victimes dont parle votre feuille, et particulièrement Tissier. Je peux vous affirmer que les gardiens, notament Berlingué, l'ont frappé jusqu'à ce qu'il tombe, et une fois par terre ils s'acharnait encore sur lui.

Tenez, moi qui justifie les faits que vous avez la franchise de dévoiler, je vais vous en raconter un qui rien que d'y penser fait frémir d'horreur.

Le 1ᵉʳ novembre 1897, un jeune pupille, ayant a se plaindre de la sévérité des surveillants à son égard, résolu d'en finir avec ses souffrances: le soir du même jour nous nous trouvions tous réunis sur la cour, quand tout à coup le bruit d'un corps tombant dans l'eau se fit entendre (car il y a un énorme bassin dans la cour). Il y eut parmi nous une minute d'angoise et comme je me trouvais là je m'élance avec plusieurs de mes camarades pour retirer notre ami Leinen (c'était le nom du désespéré), enfin nous parvenons à le retirer. Inutile de vous dire que pendant ce temps aucun des gardiens n'est accouru pour lui porter secours, au contraire, ils riaient tous comme des fous.

Une fois sorti de l'eau Leinen en avait tellement absorbé qu'il avait perdu connaissance. Quand survint le farouche Berlingué qui, prenant Leinen par une jambe, le traîna à la salle de police, arrivé là lui donnant un formidable coup de pied dans les reins le livra au gardien charger de l'exécution de cette torture.

Tout ça s'était passer devant les yeux de 100 enfants qui, devant ces actes de brutalités inouïs, laissèrent échapper un murmure d'indignation : moi pour ma part, les larmes me coulaient des yeux.

Devant de tels faits, nous étions unanimes à nous révolter, si bien que le lendemain 18 enfants, parmi lesquels je faisais parti, s'évadaient de la colonie dans l'intention d'aller déposer une plainte à Montpellier. Mais nous n'eumes pas la chance d'aller jusque là, les gendarmes, lancer à notre poursuite, nous arrêtèrent à 7 ou 8 kilomètres de la colonie. Là, révolvère au poing, il nous sommèrent de nous rendre. Nous leur répondimes plutôt mourir sur place que d'être reconduit à la colonie, et plusieurs d'entre nous découvraient notre poitrine en leur criant tirez donc, nous préférons la mort que de souffrir à la colonie.

Voyant nos énergiques résolutions, le brigadier nous prit par la douceur, et usant d'un stratagème hypocrite parvint à nous persuader qu'en nous rendant à la gendarmerie nous serions de suite diriger sur Montpellier. Bref, après des pourparlers avec le Directeur de la colonie, le brigadier résolut de nous reconduire à la colonie, ceci avait durer deux jours, pendant lesquels nous n'avions rien manger. Bref on nous passe les menotte et ont nous enchaine de tel façons tous ensemble comme un paquet de saucissons, que nous ne pouvions pas marcher. Force leur fut d'amener des voitures pour nous reconduire à la colonie.

Enfin arrivé à destination, nous ont raser la tête et en route pour le cachot ou quatre d'entre nous furent punis à 60 jour, d'autre à 90 jours, et enfin 4 et j'étais de ces 4 là furent punis à 120 jours. Inutile de vous dire que dès les premiers jours de notre punition la plupart de nous étaient malade.

On leur donnait un matelas et il restait coucher dans sa cellule.

Vous ne vous figurerait jamais les tortures, les privations, les vexations que nous avons subit pendant notre séjour au cachot, surtout quand le surveillant Calverac était de service pour nous garder. Ce terrible garde-chiourme, la terreur des petits enfants (car il ne s'en prenait qu'aux petits) était redouter de la population où il ne commettait que des injustices.

Excuser moi, Monsieur, si je vous retient si longtemps dans ce chapitre, mais je vous assure que ça vaut la peine de s'occuper de ces pauvres martyrs, qui encore à l'heure actuelle gémissent sous le poids des batons, des coups de poing.

Pour plus ample renseignement je vous prie de vous adresser à moi, soit par lettres ou verbalement, car je suis à votre disposition.

(Nom et Adresse).

On n'étouffera plus les voix. Aniane ne saurait être défendu que par l'Administration — et les reporters à sa solde. Sous les dénégations attendues qu'osera le président du Conseil, déjà perceront des aveux. De partout les faits se confirment. Suspectant l'enquête officielle, des journaux voulurent s'informer. On est allé à Aniane. Il faut lire la *Fronde* d'hier. Le Biribi des Gosses, désormais, ne pourra subsister que grâce à la complicité avérée du gouvernement.

Et c'est alors, j'imagine, que les ligues fondées récemment pour défendre les droits de l'homme, penseront à ceux de l'enfant. Ma tâche s'arrête ainsi. Mais faut-il encore qu'on sache que je n'ai choisi Aniane que comme exemple et pour violer, en précisant, l'indifférence coutumière. Avis aux parlementaires qui seront désignés sans doute pour l'enterrement des contre-enquêtes. Ce qui se passe à Aniane se passe ailleurs. Cherchez, messieurs. Allez à Eysses, à Saint-Hilaire.

Demandez qu'on vous montre les poucettes !

Tout un régime est en jeu. Rien n'est changé depuis Porquerolles. Rien ne sera changé vraiment tant que les enfants, coupables surtout de misère, seront jetés dans ces geôles...

Et que pourrait-on même changer ? La Société bâtie à chaux et à sable, sang et larmes, s'érige sur ses prisons. On n'en modifie que le style. Il faudrait comprendre et agir, marcher vers la Liberté ! ouvrir la cage aux enfants, donner la becquée aux petits... On leur donne le bagne à huit ans !

Le vieux monde croulera d'un seul coup.

Où que l'on projette une lumière, il y a de la honte et du sang. C'est la caserne et c'est la geôle, c'est l'atelier, c'est l'usine; des balles pour les jeunes soldats, le joug de la misère pour le peuple, la torture pour les petits des hommes...

On s'occupe d'Aniane, passons. Demain nous parlerons d'autre chose.

Note de l'Éditeur. — Afin de donner quelque idée de l'intense émotion qui fit écho à ces révélations tragiques, il suffira de citer ce début d'un article de Gustave Geffroy :

« Ce doux nom d'Aniane! Zo d'Axa l'a biffé de sa plume énergique. Il en a fait le Biribi des gosses. L'affreuse enseigne est désormais clouée au fronton de la colonie pénitentiaire. C'est dans *la feuille*, si bien nommée, qui s'envole par les rues, qui peut s'en aller aussi par les routes, si le bon vent s'élève, que le libre journaliste, si bien défini par Clémenceau comme un mousquetaire chercheur de justes aventures, a écrit son exposé. Steinlen et Luce l'ont illustré, ont mis l'image à côté des mots. La question est maintenant fixée. Il y a un peu plus d'indignation et d'apitoiement dans le monde.

« Reprenons le récit, qui a fait du chemin en quinze jours, qui a couru la presse de Paris, de la France, du monde entier, qui a occupé hier la séance de la Chambre, qui est à l'*Officiel* ce matin... »

Et de fait, l'auteur, qui volontairement ne s'attarde à rien, fit en passant œuvre de partielle, mais immédiate réforme sociale. L'opinion qu'il avait lancée accula le ministère aux actes et le força de décréter d'urgentes abolitions : quelques instruments de torture furent à jamais remisés.

On détrousse au coin des Lois

ELLE N'EST PAS FOLLE

Parmi toutes les laides choses, les misères, les lâchetés qu'expédient les affaires courantes, il en est qu'on ne signale pas et qui dans le torrent des faits disparaissent sitôt perçues, comme des épaves dédaignées. Les yeux entr'ouverts des hommes ne voient encore que les grands drames dont leurs maîtres sont les acteurs : des rois, des reines, des colonels... Ils ne voient pas les tragédies dont les humbles sont les héros, les victimes vite englouties. Le torrent roule et, dans les remous, ce sont des gueux qui se noient. Il y a des appels dans la nuit. Qui donc entend? Le torrent gronde; il charrie des faibles, des abandonnés, des maudits, vers les prisons, ces égouts! vers les asiles de fous — ces bagnes!

Elle n'est pas folle.

Qui ? Cette jeune femme dont M. Boursy, juge d'instruction, reste l'obligé ; Mlle Hinque qui, après avoir vainement parlé de la justice et de son droit, finit par faire parler la poudre aux oreilles d'un magistrat ; Mlle Hinque dont le revolver mit un peu de poids dans la tête légère d'un juge d'instruction — que l'on décora sur ce coup.

Elle n'est pas folle ! Elle l'était peut-être quand elle supposait que la Loi devait venir en aide au pauvre, quand elle croyait que les misérables pouvaient en appeler au Code, quand elle usait des années à courir chez les gens de chicane, forte seulement de sa bonne cause — mais sans appui, sans honoraires à laisser aux pattes crochues qui donnent le coup de pouce aux Balances.

Elle était folle. Elle cessa de l'être lorsqu'elle saisit un revolver et se dit :

— Il n'y a pas de justice, et je n'ai pas de pain — on m'a tout pris — plus rien à perdre ! et pas de travail, et je ne veux pas faire le trottoir. Et je ne veux pas que mon vieux père, dépouillé par un magistrat, meure de faim cet hiver, sans qu'on sache qui l'assassina. On le saura. Je marquerai l'homme...

Elle tira sur M. Boursy.

Et l'on saurait, en effet, de concluantes ignominies, si, dans le plein jour de l'audience, Mlle Hinque élevait la voix.

Donc il faut qu'elle soit bâillonnée.

Pour cela un moyen, le bon : on veut la faire passer pour folle.

Eh bien! non, ce ne sera pas. Ça ne se fera point à la muette. Dans les roues du char à Thémis, écraseuse de petites gens, on tâchera de mettre quelque bâton.

Déjà nous pourrions conter comment ont loisir d'opérer, impunément, tous puissants voleurs rentés et apparentés, bien en Cour. Dans notre Démocratie, immédiatement s'est reconstituée une noblesse héréditaire, bénéficiant du privilège de toutes les impunités. C'est ainsi qu'une dame riche — toute proche parente de M. Jules Favre — pratiqua le vol au cautionnement et put tondre des malheureux, sans encourir d'autres ennuis que certaines visites au magistrat qui se chargea d'étouffer l'affaire.

M. Hinque à qui cette dame avait soustrait dix-sept mille francs, toute sa fortune, le pain de ses vieux jours, le pain de sa fille, en appela naïvement au Juge. On fit un semblant de procès. On retrouva les dix-sept mille francs — le paquet des titres escroqués.

Que croyez-vous qu'on en fit?

Comme la dame du monde — du monde radicalo-opportunard — avait à répondre d'autres indélicatesses, celles-là beaucoup plus graves puisqu'elles étaient au détriment de deux banquiers haut cotés, M. Boursy, l'intègre juge, remit les dix-sept mille francs aux banquiers qui, sur-le-champ, se désistèrent galamment.

Quant au père Hinque, on le berna — des promesses étaient suffisantes. On lui persuada qu'à l'amiable les choses se passeraient bien mieux. La dame ferait une pension; M. Boursy y veillerait — parole de magistrat.

L'affaire était arrangée. M. Boursy l'avait signée. Sous les doigts agiles du juge-prestidigitateur, le petit magot du pauvre homme était allé — passez muscade! dans le coffre-fort des banquiers.

Le tour était de bonne jurisprudence. Les arrêts de la justice ne semblent pas impénétrables : on détrousse au coin des Lois.

Les magistrats sont dans l'ordre :

Qui vole au pauvre donne aux riches!

Alors ce fut le lamentable calvaire du vieillard et de la jeune femme, ruinés, quittant leur logement, vendant les meubles; mais encore espérant contre tout espoir.

Des mois passèrent, des années.

La parente de M. Jules Favre, fière d'un non-lieu, et d'ailleurs ne possédant qu'une quinzaine

de mille francs de rente, ne s'occupa plus de ses dupes qui, vraiment, mettaient trop longtemps à se décider à mourir.

Le suicide! Les Hinque y songèrent. La solution eût été sage, pas troublante pour la Société. Le bon juge Boursy se fut senti comme soulagé d'un grand poids en apprenant que les misérables avaient cessé de souffrir. Mais on s'accroche à sa misère. On hésite. Mlle Hinque revit M. Boursy, lui rappela ses promesses d'antan.

Le bon juge ne se souvenait plus.

Ce furent encore maintes démarches, à présent chez des avocats, des députés, des journalistes, tous ceux chez lesquels les faibles ont le droit de venir frapper, demander conseil et appui.

Il n'y eut que paroles vaines.

Et des rages, maintenant, montaient. Mademoiselle Hinque se voyait si désespérément seule. Le père accablé, malade, ne pouvait plus se lever du lit. Le boulanger refusait le crédit. Le pharmacien demandait de l'argent. Des heures tragiques venaient...

Et elle pensait, Mlle Hinque, à ce subtil magistrat qui, d'un geste de passe-passe, sans pitié, les avait jetés là.

Elle pensait...

Il ne faut pas penser! Il ne faut pas que les

malheureux réfléchissent un seul instant. Il ne faut pas qu'ils se rendent compte des causes profondes de leur détresse. Il ne faut pas qu'ils aperçoivent les responsables de leur tourment.

C'est pour avoir trop pensé, qu'un soir — raisonnablement, devant le Palais de Justice, Mlle Hinque attendit le juge...

L'attentat ne surprit pas tout le monde.

J'ai appris que, dans Paris, nombre de personnes n'ignoraient pas les conclusions que Mlle Hinque avait l'intention de déposer. Elle avait répété souvent qu'il ne lui restait qu'une chose à faire — et elle avait dit laquelle.

Elle l'avait dit à des hommes qui parlent à la tribune, qui écrivent dans les journaux..., et qu'inutilement, tant de fois, elle était venue supplier de prendre en main la cause juste.

Un article, une phrase, un mot, prouvant à la victimée que tout ne l'abandonnait pas, qu'elle pouvait lutter encore — elle eût rejeté le revolver.

Qui mit les balles dans ce revolver?

L'indifférence, la veulerie, complices des abus de pouvoir, provoquent — est-ce leur excuse? — les ripostes de l'opprimé.

Quand l'écrivain, quand l'orateur, quand l'avocat, le député, demeurent les confidents passifs d'une iniquité sociale, lorsqu'entendant un cri d'appel, ils restent impassibles et muets, une honte s'étend sur eux. Je laisse à d'autres le soin de les blâmer simplement de ne pas avoir prévenu la police des projets de Mlle Hinque. Ce qu'ils devaient faire était mieux : ils pouvaient saisir l'opinion, crier : Au voleur! montrer le juge, et prouver, une fois de plus, comment l'injustice est égale pour tous.

Moi, j'aime à dire tout ce que je sais, et tout de suite. Donc, hier, j'ai vu le père Hinque, dans sa petite chambre de la rue Dulong, sous les toits. La douleur et l'épuisement le clouent sur un vieux fauteuil, près du poêle éteint dont le tuyau s'enfuit par la fenêtre mansardée. On devine que tout à l'heure, si du charbon brûle dans ce poêle, le tuyau sera retourné vers la chambre : M. Hinque se tuera ces jours-ci...

Oh! lui, ce n'est pas un révolté. Au-dessus de son lit, un crucifix; sur le mur, le portrait de Félix Faure serrant la main de l'empereur de Russie... De temps en temps, des voisins (dans le petit monde, il paraît que parfois l'on s'entr'-aide encore) viennent, apportant ce dont ils peuvent se priver. C'est peu de chose, ils l'ont compris, et les braves gens ont écrit au grand philanthrope Rothschild : le sale juif n'a pas répondu. Mais pourquoi s'adresser aux juifs? Les voisins auraient dû songer à de propres

Français qui tiennent ostensiblement une caisse pour les infortunes; que n'ont-ils écrit au Petit Journal? Ils l'ont fait! M. Marinoni n'a pas plus bougé que Rothschild.

La charité officielle a horreur de ces histoires aux dessous tragiques, capables de révéler plus intensément les méfaits de la Société. Que meurent les témoins! Ça vaut mieux; tous les bourgeois, youpins ou non, s'entendent sur certain programme.

Il se peut, d'ailleurs, que le père Hinque renonce au suicide; est-ce la peine? Les dernières énergies s'usent. Un de ces matins, le commissaire fera sans doute enfoncer la porte. Le père Hinque se sera éteint, de mort naturelle : le dénuement. Bonsoir vieux!

La farce sera jouée... Le puissant Rothschild, qui est de toutes les affaires, aura été de celle-là. Et le Petit Journal aussi. Et le Christ au-dessus du lit, et Félix Faure souriant toujours...

On désinfectera la mansarde.

Une infamie restera, de toute façon, à commettre : les médecins aliénistes sont là.

Ces messieurs, qui déclarèrent que Vacher était parfaitement responsable, reconnaîtront que Mlle Hinque ne jouit pas de la plénitude de ses facultés. Au besoin, ils baseront le diagnostic attendu sur ce fait que l'inculpée raisonne trop logiquement (idée fixe, parti pris, délire de la persécution). Les maîtres experts ès-folies, qui laissent guillotiner des enfants de seize ans dont le discernement est discutable, interviennent lorsqu'il s'agit d'éviter de fâcheux débats: ils délivrent les lettres de cachet.

Le cabanon c'est l'oubliette.

Et qu'importe ce que clament les fous!

M. Boursy n'est pas le seul personnage qui voudrait qu'on n'attachât nulle importance aux paroles de Mlle Hinque. Le gouvernement lui-même s'est prononcé en décorant, à propos de balles, le juge d'instruction que rien jusque là n'avait désigné à son choix.

Implicitement, les médecins, fonctionnaires de l'administration, sont chargés d'établir le rapport qui permettra de supprimer le témoignage de Mme Hinque.

A votre besogne, docteurs!

Il ne suffira peut-être plus d'intercepter les lettres de l'accusée — lettres qui prouveraient, clair comme jour, la lucidité de son esprit. Il faudra par l'isolement, le régime, les grands moyens, provoquer, chez la patiente, quelques opportunes crises de nerfs. C'est classique.

On compte sur vous.

Vous êtes au poste de combat. Vous défendez

la Société. C'est la Science au service de l'Ordre. Biffez d'un mot Mlle Hinque! Dites :

— Elle est folle.

Emmurez-la! Les maisons de santé ont ceci de bon qu'elles permettent d'esquiver les débats publics. On abandonne les poursuites. C'est le non-lieu, préface indulgente de la réclusion perpétuelle.

N'hésitez pas. On vous regarde.

Concluez vite, car on jette un coup d'œil aussi sur les coulisses de ce Palais où se trouvent les loges des hommes glabres qui se déguisent en juges d'instruction. Le conservatoire des mimes sinistres, inscrits aux rôles comme magistrats, vous saura gré, chers docteurs, de votre prompte intervention. Derrière les portants du Guignol, vous êtes les pompiers de service. Eteignez le scandale naissant.

Empêchez qu'à la cour d'assises l'accusée devienne accusatrice. Méfiez-vous! Pas de demi-mesures. Empêchez que les jurés la voient :

Cette fille n'est pas encore folle!

~~~~~~~~~~

NOTE DE L'ÉDITEUR. — Malgré un premier rapport des médecins-légistes, une enquête supplémentaire réclamée par la plupart des journaux, à la suite de cette *feuille*, démontra que Mlle Hinque n'était pas folle. Elle passa en cour d'assises et fut acquittée le 13 juin.

Saluons-les

L'Éclair pose à nos consciences de simples soldats réservistes cette effarante question :

« Un supérieur passe près de vous, et, en même temps, un malfaiteur se jette sur lui, devez-vous faire front, rectifier la position et faire le salut militaire, ou bien sauter sur le malfaiteur et dégager votre chef ? »

Sans nous arrêter à ce qu'il y a d'inconvenant dans l'hypothèse ci-dessus, il faut reconnaître que le cas est piquant et mériterait d'être éclairci.

On n'y est pas préparé, je l'avoue.

D'ordinaire, dans les villes de garnison, comme à Saumur dernièrement, ce sont plutôt les officiers qui, par passe-temps, rossent le bourgeois. Ils dégaînent contre des parapluies. On s'embête tant en province.

Mais s'il faut admettre qu'une fois, le brillant militaire, tout arrive ! soit civilement rossé, nous ne saurions trop recommander au simple soldat, témoin du fait, la plus grande circonspection.

S'il intervient dans la bagarre, un bouton de sa capote ou de son dolman peut sauter à la face de son chef. Qu'il y songe! en d'autres lieux c'est le conseil de guerre, une douzaine de balles dans la peau...

Peut-être ferait-il mieux de se borner à rectifier la position. C'est courtois. Cependant, puisque la question se pose et que nous ne sommes pas doctrinaires, nous entendons laisser à chacun le libre choix parmi les trois ou quatre solutions qui peuvent se présenter à l'esprit.

L'examen de ces solutions nous entraînerait même trop loin...; j'ai hâte d'en venir au sens caché que je soupçonne l'*Eclair* d'avoir glissé dans sa question. Le journal étamajoriste fait de l'actualité symbolique : le supérieur assailli n'est autre que l'Armée elle-même.

Le malfaiteur, c'est le Magistrat.

Les Robes de la magistrature et les Culottes de l'armée s'entre-déchirent.

C'est indécent.

Mais c'est très drôle. Et instructif. Le faux ménage de la toque et du képi se lave la tête en public. Ah! mes amis, quel schampoing. Tout à l'heure ils laveront leur linge, pas en famille : au lavoir. Et ce sera sur la grand'place qu'on lessivera le Drapeau.

Du carbonate et de la potasse. Haut! les battoirs. Tapez! frottez, rincez l'objet...

Aussi bien il restera des taches : sang et misère indélébiles. Frottez toujours, tapez quand même!

Car si les revisionistes, ceux qu'on appelle les « dreyfusards », nous paraissent pleins de bon sens lorsqu'ils expriment telle opinion à propos du militarisme; nous n'en apprécions pas moins les nationalistes, ceux qu'on nomme les « anti-dreyfusards » quand ils parlent de la magistrature.

Il est bien évident que si l'on peut dire, patriotiquement, que les premiers magistrats du Pays sont les derniers des misérables, ce ne sera ni plus troublant, ni plus grave d'affirmer que les grands chefs militaires connaissent la tactique du faux mieux que le service en campagne.

Je voudrais qu'un bon phonographe enregistrât tout ce que les braves citoyens, suiveurs de M. Déroulède, clament sur la magistrature et déclament contre les gens de loi. Je voudrais que ce même phonographe recueillît, avec son impartialité mécanique, ce que dans le parti adverse on révèle sur l'état-major. L'appareil, mis en mouvement, serait d'excellente propagrande.

Je suis sûr qu'on le dénoncerait comme phonographe anarchiste.

Que l'on ne vienne point nous chanter, avec des larmes dans le larynx, les tristesses de l'heure présente. Le temps est gai pour la saison. Le vent qui s'élève, cet hiver, a soufflé sur tant de préjugés que les respects séculaires s'envolent vers les vieilles lunes.

Quand on entend le cri : Vive l'armée ! on peut être certain que celui qui le pousse manifeste, de cette façon, tout son mépris pour la Loi.

De même le cri : Vive la justice ! signifie, nul ne l'ignore : A bas les conseils de guerre !

Les événements, en quelques mois, ont mis si bien en conflit les forces factices de la société qu'il ne reste plus grand'chose debout. Les magistrats sont suspects, les officiers perdent l'aplomb : toutes les quilles tombent par terre.

A ce jeu charmant de massacre, quels que soient les lanceurs de boules, nous applaudissons volontiers. Nous proposerions même avec joie une douzaine de macarons d'honneur.

Je les donnerais aux nationalistes.

Ces messieurs au rude langage ont été comme démolisseurs de très appréciables champions. En traitant d'ignobles drôles, de vils coquins et de vendus, les hommes qui, dans le pays, ont mission de rendre la justice, ils ont prouvé que ceux-là même qui se réclament du chauvinisme se moquent du bon renom de la France comme de leur première sottise.

Une nation, en effet, peut se passer d'une armée. Mais quelle figure lui fait-on faire quand on dit qu'elle ment en justice?

N'y a-t-il des juges qu'à Berlin?

L'idée de Patrie était malade, les patriotes l'auront tuée.

Il est vrai qu'on pourra me répondre qu'il y a magistrat et magistrat comme il y a cabot et cabot. Tous les anciens boulangistes me citeront avec émotion le noble exemple de M. Quesnay protestant contre ses collègues et quittant leur odieux repaire.

Mais ce Quesnay, à lui tout seul, symbolise-t-il la Justice?

Si l'ancien procureur de la Haute-Cour, célèbre par les faux témoins que naguère il stylait lui-même, représente l'honneur de l'Ordre, autant vaut dire qu'Anastay ou bien le colonel Henry représentent l'honneur de l'Armée.

Je ne suis pas éloigné de le croire.

Anastay, le couteau dextre, pointe en ligne, guerrier en temps de paix, assassinait une vieille dame comme il aurait conquis des villes — ou seulement des villages nègres.

Henry au grattoir agile, incarne l'officier de fortune : de la vaillance et des lettres — la plume, la gomme et l'épée.

M. Quesnay de Beaurepaire a tellement l'amour de la Robe que dans certaines maisons closes le vieux rasé s'habille en femme. Il signe Lucie Herpin des petits papiers pornographiques contre lesquels, magistrat, il devrait ordonner des poursuites. Et c'est ce Quesnay des Cours, cette Herpin des salons, ce Beaurepaire à tout faire qui fait du jupon de Lucie le drapeau de la magistrature...

A-t-on jamais plus heureusement outragé tous les magistrats?

Il était temps qu'une ligue se fondât pour réinculquer aux masses l'ensemble des respects nécessaires. La Ligue de la Patrie Française, par conférence et voie d'affiches, tentera l'œuvre désormais ingrate de prêcher l'union entre les anciens complices, officiers et magistrats qui s'oublient au point de débiner, devant le peuple, leurs réciproques malpropretés.

Bien au-dessous de la Ligue des Patriotes, qui elle au moins a des préférences, la ligue nouvelle a pour objet l'aplatissement impur et simple aux pieds de toutes les autorités. Avec le vieux François Coupé, Maurice Barrès — coupé aussi — est à la tête des comités. Le prince de la jeunesse s'agite comme sous la main. Sa rampante diplomatie lui vaut un poste d'honneur : il est la *chenille* ouvrière.

Nul doute qu'avec de tels éléments, la Ligue n'ait de hautes destinées. Barrès professeur d'énergie, c'était trop drôle pour cet homme triste qui s'évanouit sur tous terrains... Au contraire, comme ravaudeur, comme ressemeleur de préjugés, sous les ordres de quelque Brunetière, il peut encore secouer des phrases; il peut, selon sa formule, travailler à maintenir les traditions « en les conciliant avec le progrès des idées et des mœurs ». C'est faire du neuf avec du vieux : le pilleur de Renan s'y connaît.

La Ligue de la Friperie Française époussetera des tuniques, brossera des toges, cirera des bottes; les traditions trop éculées seront, par ses soins, mises en forme. Son programme de ch'and d'habits lui vaudra l'adhésion précieuse des marchandes à la toilette. Gens de maison et d'académie, tous les Plumeaux intellectuels sentiront que leur place est là.

Reste à savoir seulement si l'apaisement, qu'on dit souhaiter, résultera de ces nobles efforts. Un grand nombre de nos concitoyens ont pris l'horreur du militarisme, d'autres, et nombreux, se sont accoutumés à conspuer la magistrature. Pourra-t-on les mettre d'accord en leur donnant tort à chacun? en leur disant :

—Vous faites erreur, l'armée, les conseils de guerre, Biribi, etc., c'est parfait! La magistrature, la loi, le code et ses marges, et les filets de la justice — filets à mailles si diverses — parfait aussi... Inclinez-vous.

Serait-il pas mieux que les hommes essayassent de se redresser? L'union debout! Tout le monde y mettrait du sien :

—Je vous abandonne les magistrats, mais remisez-moi la soldatesque.

En attendant que l'entente s'établisse sur ce programme définitif, sur ce terrain de mépris large pour les institutions caduques et les déguisés encombrants qui circulent encore parmi nous — il faut faire front, comme dit l'*Eclair*, et rectifier les positions.

Castes de Robe et d'Epée se tendent des pièges, se guettent au carrefour, s'arrachent les masques — il faut saluer.

Le peuple, qui déjà ne croit plus au ciel, se lassera de l'enfer qu'il connaît. S'il supportait l'autorité, c'était peut-être moins par habitude du servage que par respect pour le gendarme. Or, toutes les gendarmeries se sont entre elles disqualifiées.

Les duperies patriotiques apparaissent dans la clarté dure, tels des costumes de bal masqué à la lumière du soleil.

Les Majestés théâtrales se sont attardées au bastringue. Elles se sont colletées dans la rue. Maintenant elles réclament leur carrosse...

La voiture des boueux s'avance.

L'Honnête Ouvrier

LES PUITS QUI PARLENT

Nous manquerions à notre plaisir, si, après avoir salué, comme il convenait, la magistrature et l'armée, nous ne nous empressions de nous incliner devant le Peuple, avec tout le respect disponible.

Au milieu des ruines et des hontes que les classes dirigeantes accumulent, il fait bon, pour chasser le dégoût, de regarder les classes laborieuses. Tandis que les officiers et les juges se font pincer par leurs propres gendarmes, on veut assister à l'éveil d'une Démocratie avertie. Les gouvernements exploiteurs ont donné ce qu'ils pouvaient commettre : le prolétariat exploité, conscient aujourd'hui, se redresse.

La crise que la France traverse a instruit tous les citoyens. Travailleurs des champs et des villes, les corvéables et les dupés, ont été forcés de penser. Ils vont agir...

Non ! ils parlent.

Ce sont les rudes gars de la mine, ceux qui pour un dérisoire salaire risquent le grisou tous les jours — y a-t-il même des jours pour eux ? l'éternelle nuit sous les galeries — ce sont ceux des houillères sinistres qui réunis, dimanche passé, ont proclamé leur opinion.

La parole de Vérité devait sortir des puits profonds.

Ça s'appelle un ordre du jour.

Affichons-le :

« Les membres du Conseil de Conciliation et d'Arbitrage des mines du Pas-de-Calais, représentant les concessions houillères de Lens, Courrières, Dourges, Liévin, Nœux, réunis à Lens, le dimanche 22 janvier, saluent respectueusement le noble drapeau tricolore, emblème de la Patrie, et l'armée nationale, gardienne de l'honneur et de la dignité de la France. Ils flétrissent, au nom des courageuses populations minières du Pas-de-Calais, dont les familles nombreuses donnent au pays tant et de si bons défenseurs, les menées perfides de ceux qui veulent semer la division entre les citoyens. »

Bravo, Mineurs ! je m'en doutais... La patrie, le Patronat peut compter sur vous. C'est gentil. Ne faites-vous pas partie du sol ! A force de le gratter en-dessous, vous avez appris à l'aimer.

Et vous aimez le Drapeau aussi, parce que, lui, c'est un emblème. Allons, tant mieux. Vous aimez l'Armée, cette gardienne de votre honneur et de votre dignité... C'est du luxe. Vous aimez les fusils Lebel qui partent tout seuls — comme à Fourmies, — les baïonnettes auprès des puits où vos camarades ont fait grève. Quoi encore ? Vous aimez le bâton...

Vous êtes contents — tant que ça !

Peut-on songer sans stupeur à ces êtres dénués de tout, ces forçats à casaque noire, ces « intellectuels » de la mine qui profitent du repos dominical pour exhiber leur sentiment de servilité inébranlable ?

Voilà des gaillards pour lesquels la mère Patrie a peu de fleurs et de sourires : en échange de la fortune qu'ils remontent, risquant leur vie, pour que leurs maîtres, les actionnaires, aient des châteaux à la surface, on leur donne un morceau de pain. Mais c'est assez. Ils sont bien aises :

Que les mineurs sont donc heureux !

C'est à croire que ces bipèdes descendent, par sport, dans les fosses. Ils s'indignent à la pensée qu'il puisse y avoir des divisions entre les citoyens, une lutte de classes peut-être. Pourquoi, en effet, la bataille, si les esclaves sont satisfaits ?

C'est eux que ça regarde. Et ils s'agenouillent — l'habitude du travail courbé.

Allez ! au trot ! houst ! à la mine... Un contre-maître a sifflé.

Vous reparlerez de la Patrie, dimanche.

Que les propriétaires soient chauvins, au nom de leurs maisons de rapport ; que les financiers vantent l'armée qui, moyennant solde, monte la garde devant la Caisse; que les bourgeois acclament le drapeau qui couvre leur marchandise — cela s'explique sans effort.

Même, que certains demi-philosophes, gens de calme et de tradition, numismates ou archéologues, vieux poètes ou prostituées, se prosternent devant la Force — c'est encore compréhensible.

Mais que les ilotes, les maltraités, le Prolétariat soit patriote — pourquoi donc ?

Ah ! oui, je sais : le clocher du village, et le cimetière, et le souvenir de Napoléon, et Louis XIV... Cela se chante. C'est un refrain de café concert, une ariette du parlement, une goualante de caserne.

Les mineurs l'ont appris au claque, du temps qu'ils mangeaient la gamelle.

Ils ne la mangent plus tous les jours. Peu nourris et mal logés, forcés de rationner leurs mioches qui consomment et ne rapportent pas encore, ils n'ont rien à eux sous le ciel morne, rien que la misère — et une patrie !

Ce beau cadeau leur a été fait par ceux-là mêmes qui les exploitent, abusent d'eux, et trouvent ainsi le moyen de ne pas les payer quand ils leur font prendre le fusil pour défendre les terres des riches, les biens du maître, ce qu'ils appellent : la fortune de la Nation.

Qu'en avez-vous de cette fortune, citoyens sans-le-sou, électeurs? Quelle est votre part du patrimoine? Vous êtes nés ici, c'est vrai. Vous y travaillerez jusqu'à mort. Vous êtes les fils de la glèbe.

Vous êtes de bons indigènes.

Mais vous êtes fous quand vous parlez d'une patrie : vous n'en avez pas.

N'importe ! la patrie du patron est celle des bons ouvriers.

Les travailleurs du pays noir en arrivent à porter leurs chaînes comme des bracelets de parade.

Ils montent leur misère en drapeau.

Ces blancs ne valent pas des nègres ; ils sont au-dessous de l'oncle Tom. Ces fétichistes toujours battus ont le servage chevillé dans le corps. Ils manifestent, et c'est pour dire, c'est pour bêler qu'ils sont le troupeau docile.

Je n'ignore pas qu'on me répondra que les manifestants de Lens, membres du conseil de conciliation et d'arbitrage, représentent bien plus les exploiteurs que les exploités. Ce sont les faux-frères bruyants.

La masse ne les suit pas.

Je pourrais sembler l'admettre si je voulais, par courtisanerie pour le peuple, n'aller pas au bout de ma pensée. Un candidat ferait des réserves pour qu'on ne lui cite point telle phrase le jour où il se présenterait ; un démocrate professionnel n'avouerait pas ; moi, je constate :

C'est l'avachissement indécrassable de la masse des exploités qui crée l'ambition croissante — et logique, des exploiteurs.

Les Rois de la mine, de la houille et de l'Or auraient bien tort de se gêner. La résignation de leurs serfs consacre leur autorité. Leur puissance n'a même plus besoin de se réclamer du droit divin, cette blague décorative ; leur souveraineté se légitime par le consentement populaire. Un plébiscite ouvrier, fait d'adhésions patriotardes, platitudes déclamatoires ou silencieux acquiescements, assure l'empire du patronat et le règne de la bourgeoisie.

A cette œuvre on retrouve l'artisan.

Qu'il soit de la mine ou de l'usine, l'Honnête Ouvrier, cette brebis, a donné la gale au troupeau.

Un idéal de contremaître pervertit les instincts du peuple. Une redingote le dimanche, parler politique, voter..., c'est l'espoir qui tient lieu de tout. L'odieux labeur quotidien n'éveille ni haine, ni rancunes. Le grand parti des travailleurs méprise le feignant qui gagne mal l'argent qu'accorde le patron.

On a du cœur au turbin.

On est fier de ses mains calleuses.

Si déformés que soient les doigts, le joug a fait pire sur les crânes : les bosses de la résignation, de la lâcheté, du respect, ont grossi, sous les cuirs chevelus, au frottement du licol. Les vieux ouvriers vaniteux brandissent leurs certificats : quarante ans dans la même maison ! On les entend raconter ça, en mendiant du pain dans les cours.

— Ayez pitié, messieurs et dames, d'un vieillard infirme, un brave ouvrier, un bon Français, un ancien sous-officier qui s'est battu pendant la guerre... Ayez pitié, messieurs et dames.

Il fait froid; les fenêtres restent closes. Le vieil homme ne comprend pas...

Instruire le peuple ! Que faudra-t-il donc ? Sa misère ne lui a rien appris. Tant qu'il y aura riches et pauvres, ces derniers s'attelleront d'eux-mêmes pour le service commandé. L'échine des travailleurs est habituée au harnais. Au temps de la jeunesse et de la force, ils sont les seuls domestiqués qui ne ruent pas dans les brancards.

L'honneur spécial du prolétaire consiste à accepter en bloc tous les mensonges au nom desquels on le condamne aux travaux forcés : devoir, patrie, etc. Il accepte, espérant ainsi se hisser dans la classe bourgeoise. La victime se fait complice. Le malheureux parle du drapeau, se frappe la poitrine, ôte sa casquette et crache en l'air :

— Je suis un honnête ouvrier !

Ça lui retombe toujours sur le nez.

Je souhaite que les mineurs de Lens ne soient pas, pour cause de famine, forcés de se mettre en grève bientôt. Cependant, alors, ces fouille-terre deviendraient peut-être des hommes. Tout est possible, assure-t-on. En attendant, je les félicite de tirer le charbon allègrement.

Le peuple que par raillerie on a proclamé souverain est une sotte Majesté qui s'habille de laissés pour compte. Il répète quelques grands mots que lui léguèrent après faillite tous les régimes périmés.

C'est lui maintenant le Responsable.

Quand les « gueules noires » sombres et graves, sans dire mot, impénétrables, portant la hache et les pics, descendaient au fond de la mine, la bourgeoisie tressaillait, inquiète, se demandant si ses esclaves, tout à l'heure, ne remueraient pas les épaules? A présent les capitalistes sont rassurés, les puits parlent : les mineurs sont de bons enfants qui ne demandent qu'à extraire patriotiquement de la houille.

Plus de danger ! l'Edifice social est solidement bâti sur caves. Souvarine est du Syndicat d'arbitrage et de conciliation.

La dernière aux Anarchistes

DÉSARMEMENT

1900 ! Exposition, buffet..., tout le monde désarme ! Les voyageurs pour la ligne de tir changent de train. Et ce sont des trains de plaisir qui filent vers la Hollande avec un chargement d'ambassadeurs, de diplomates et de vieux guerriers se rendant, selon le vœu du tsar, à la conférence contre la Guerre. Le siècle s'inaugurera par un hymne de fraternité. Assez de luttes, plus de tueries. Dans le concert européen, un empereur entre tous puissant a voulu pousser sa chanson :

> C'est pour la paix, dit-il, que je travaille.

Les hommes s'émeuvent, les choses parlent — les poudrières sautent en l'air.

Cent mille kilos de poudre qui humainement employés, auraient pu, sur les champs de bataille, coucher des milliers de victimes, se contentent spontanément de faire une soixantaine de cadavres.

Les forces assassines emmagasinées dans la poudrière de Lagoubran ont été presque bénévoles en l'éclat qui les annulait. Dans la culasse des canons ou près l'éperon des torpilles, elles auraient fait autres merveilles. Des navires auraient sauté, des villes auraient été bombardées ensevelissant sous leurs décombres les combattants et les vieillards et les enfants et les femmes. Il y avait, à Lagoubran, de quoi savamment doser la mort, faucher dans le tas, décimer l'ennemi de l'extérieur et mettre à la raison les gueux qui se rebellent à l'intérieur. Les puissances meurtrières latentes promettaient plus qu'elles n'ont tenu. Dans les cartouches des lebels elles auraient pacifié des grèves...

Au lieu de cela, quoi ? cinq douzaines de pauvres diables étripés sans qu'aucun exemple en résulte ; un accident de travail. Un fait divers sans morale.

Et ce serait de la poudre perdue, si nous n'étions pas là, Messieurs, pour en tirer quelque glose.

Une poudrière a désarmé ! voilà le fa !

Logiquement, ne devrait-on pas se féliciter

d'une explosion qui supprime, tout en supprimant un minimum d'individus, qui supprime, qui anéantit un des arsenaux de massacre?

Cependant ne nous félicitons pas, n'adressons de compliments à personne; quoi qu'en disent d'honnêtes publicistes, désireux de rassurer le monde, on n'est nullement certain que ce soit un pyrotechnicien humanitaire qui s'employa, en l'occurrence, pour faire fuser, à moindre dam, tant de poudre et tant de menaces.

On redoute que l'explosion ne soit pas due à la « malveillance ».

On craint que ce ne soit pas exprès qu'un homme ait mis le feu aux poudres. On a peur d'être obligé d'écarter même toute idée de négligence dans le service. La Science, qui n'en est pas à une faillite de plus ou de moins, aurait-elle omis de prévoir telles décompositions chimiques, naturelles, fatales peut-être, des poudres nouvelles accumulées sous le remblai des dépôts où, selon les jeux de l'atmosphère, des courants inconnus circulent? Toutes les poudrières, tour à tour, seraient-elles destinées à sauter? Est-ce une loi de désagrégation que ni les plus minutieuses précautions, ni le poste de soldats en armes, ni la garde qui veille..., n'empêcheront de se réaliser — demain, aujourd'hui, tout à l'heure?

Les paisibles populations, vivant autour des poudrières, essayent de se tranquilliser en adoptant l'hypothèse, moins cruelle, d'un attentat.

Qui aurait fait le coup ? *That is the question.* Les Anglais ?

Je sais bien que la reine Victoria voyage en ce moment dans le Midi ; mais elle produit un alibi : elle se trouvait encore à Londres au moment de la catastrophe. Qu'un de ses fidèles sujets croyant à un conflit prochain ait voulu, par patriotisme, risquer le paquet de munitions et brûler la poudre ennemie, c'est une pure supposition. Elle vaut celle de certains Anglais soupçonnant, eux-mêmes, les Français d'avoir causé récemment l'explosion d'une chaudière... à bord d'un cuirassé de la Reine !

Quant aux Allemands, à l'heure exacte où se produisait le cataclysme de Lagoubran, ils relevaient, à Metz, devant la porte d'une poudrière, le cadavre de la sentinelle, soldat au 4e bavarois. Eux du moins eurent le bon goût de ne pas criailler sans preuves. Ils se gardèrent bien d'accuser de cette mort insolite un ligueur de la « Patrie Française ». Pourtant on avait vu Barrès, la semaine d'avant, à Nancy.

Pas plus en France qu'en Allemagne, il n'est donc séant de suspecter quelque hardi patriote passant de la parole aux actes et se risquant seul, la torche prompte, autour des barriques de poudre.

Alors, si ce n'est Jean Bart, pourquoi ne serait-ce pas Ravachol?

Les anarchistes...

Quelle idée! Est-ce l'occasion de les mettre en cause quand on remarque, non sans sourire, que certains d'entre eux crient: Vive Loubet! Est-il rien de plus édifiant? Loubet est précisément l'intègre politicien qui, se sentant des entrailles de père pour les voleurs du Panama, tourna son juste courroux contre les compagnons anarchistes qu'il fit traquer comme malfaiteurs. Vive l'anarchie! Vive Loubet! Le temps a de ces surprises...

Mais revenons aux cartoucheries et autres fabriques d'engins qu'une épidémie spéciale contamine — ou plutôt : mine. Après Lagoubran, c'est Marseille, Toulon. L'écho retentit, se répercute. C'est au polygone de Bourges où par deux fois des bombes éclatent. Les explosions se multiplient. Le bruit se rapproche. C'est à Paris, au Laboratoire central où se triturent poudres et salpêtres. La panique échevelée grandit. C'est ici, là, un peu partout sur le sol de ce pays que des artilleurs, sans flair, ont ingénument saupoudré de produits qui sautent en vieillissant.

Les voilà, les dynamitards !

Des maladroits, des fous dangereux, préparateurs d'écrabouillements, entassent dans nos sous-sols leurs poudres de Perlinpinplomb. Changement de décor : la maison craque. Le tableau n'était pas prévu. Ce n'est pas la dernière féerie. Les machinistes continuent...

Par ordre des gouvernements, on sème la graine de mort, il est normal que les peuples récoltent la tempête et la foudre. Quand la patrie fourbit ses armes, elle atteint, comme pour s'entraîner, quelques passants inoffensifs. C'est l'apéritif des guerres, solides festins, vastes carnages en l'honneur de l'Autorité. Que l'on veuille donc bien nous faire grâce des attendrissements officiels sur les blessures des victimes : on croirait voir un chourineur plaignant le pante qu'il a refroidi.

Les récentes actions d'éclat des bombistes de la patrie donnent une notion exacte de leur science et de leur inconscience. Nos artilleurs sont tous pareils ; ils ne font jamais rien exprès.

L'exemple accourt sous la plume.

Regardez le général Mercier, Mercier au nez légendaire, se doutait-il en allumant certaine mèche antisémite qu'il ébranlerait l'État-Major ?

Et le capitaine Dreyfus lui-même qui reste, ses lettres en font foi, le type de l'officier chauvin, ne pensez-vous pas qu'il protestera en apprenant l'explosion d'antimilitarisme dont son cas fut l'heureux prétexte?

Un autre grand artilleur, le tsar, lance à son tour un pétard qui, dirigé contre les Armements, signifie, qu'il le veuille ou non, ceci d'abord : A bas l'Armée! En vain pourrait-on prétendre que dans son projet l'empereur cherche uniquement le moyen de faire des économies. Un patriote ne fait pas de « gratte » sur l'étoffe de son Drapeau ! Quoi qu'il en soit, le projet-bombe appelle l'attention des foules. L'engin du tsar sera compris comme celui qui jadis lézarda symboliquement les murs de la caserne Lobau. Croyez-vous pour cela que Nicolas perçoive la voix des choses ! Un courtisan l'étonnerait en lui disant :

— Majesté, les poudrières et les casernes vous font leur cour en sautant.

Envoi

Prince, Tsar que les historiens s'apprêtent sans doute à classer sous la rubrique ingénieuse de nos Césars anarchistes, à toi je dédie cette feuille! Tu permettras, Compagnon, que je l'adresse en même temps aux camarades qui ne sont que les empereurs d'eux-mêmes.

Ceux-là, par ces temps troublés, ne sont pas dupes des apparences : ils savent que si tu parles de supprimer les hussards, tu doubles, contre les moujicks, le nombre de tes gendarmes.

Ils se doutent bien d'autre chose.

Ils pensent, à propos de « l'Affaire » qui remplace avantageusement la vieille Question d'Orient, que le militarisme a fait ses preuves, et que même démocratisée l'Armée n'en vaudrait pas mieux. C'est contre l'Armée qu'ils sont — la qualifiât-on nationale ! S'ils ont revêtu, quelque jour, la tunique aux boutons de cuivre, ils n'en concluent pas pour cela qu'ils en sont de cette armée; ils n'en sont pas plus, en somme, que les détenus libérés ne sont des Maisons Centrales. Le renouvellement du personnel galonné ne les intéresse pas : toutes les épaulettes se valent. C'est contre l'Armée qu'ils marchent.

Ils croient que la Magistrature, cour de Cassation comprise, est une louche association au service des capitalistes. Ils sont contre la Magistrature — la prétendit-on épurée ! Le respect de la Légalité ne les passionne pas : ils observent qu'au nom de cette légalité tous les jours on frappe des hommes dont le crime fut d'avoir eu faim et de s'être redressés, pour vivre. La plus grande infamie du siècle n'est pas, selon eux, telle injustice; mais bien « la Justice », le Code. C'est contre la Magistrature qu'ils se plaisent à porter des coups.

Je suppose que fort peu d'entre eux verseront dans la politique : ils n'aiment point l'équivoque et ne sauraient pas, dans le rang, s'inspirer du chef de file. Sans directeur de conscience, ils bataillent pour le plaisir. Les rhétoriciens de la Sociale, prometteurs de bien-être futur, ne les entraînent pas à leur suite. C'est immédiatement qu'ils veulent vivre : c'est sur l'heure qu'ils s'affranchissent des tutelles et des mots d'ordre. Rien ne les enrôle. Chacun sa route ! Au cours de tous les événements, en dehors de tous les partis, ils lancent le cri de révolte.

Tsar ! prince des Sibéries, ceux-là ne désarment pas...

Les feuilles

A toute occasion.................................... 5

La première aux Propriétaires. *Terme Franco-Russe*............................. 11

Dix assassinats pour un sou. *Horribles détails*....................................... 19

Association de Malfaiteurs. *Billot lui-même.* 27

Réhabilitation civile et Exécution militaire. *Une Erreur Judiciaire. — L'Avoué était Innocent. — Félix Faure dit " Peau de Chagrin ". — L'Honneur de l'Armée. — Fini de sourire.* 39

A propos de bottes. *La Tournée du Patron. — Souliers de Noël. — Réimpression. — Pour le petit soldat*............................. 53

Arguments frappants. *Du Chourineur à l'Etudiant. — Conseils de Paix. — Civils et Incivils. — Dans le Sanctuaire. — Vive l'Armée ! — La Découverte du Huis-Clos. — Améric Vespuce de Prison. — Estudiantina*................. 67

Les moutons de Boisdeffre.................... 81

Mort-aux-Vaches. *Considérations à propos de l'agent Rodot dit " Mort-aux-Vaches "*........ 93

Le Candidat de « la feuille ». Aux Urnes!
— Simples réserves. — Candidatures et Candidatures. — Le devoir des bons Français. — Des Hommes. — Le plus Digne. — Votez pour Lui! — Votez pour Lui!!.............................. 109

Bombes nationales. Perle des Antilles........ 121

Aux Électeurs................................ 131

Il est élu..................................... 139

Le Papa de M. Judet. Grand reportage. — Premiers indices. — Quelle famille. — Fils de ses œuvres. — Le " Petit Journal ". — Les Preuves. 147

Rochefort se meurt! Rochefort est mort!
Quelques fleurs pour une couronne 159

Le Gendre et la Veuve. Le Gendre. — Pourquoi n'a-t-il pas tué Rotschild ? — La Veuve.. 169

Les Tuyaux de "la Patrie". Le Syndicat de Trahison. — Le Truc. — A l'Anglaise. — Un scrupule de M. Millevoye. — Lisieux! 5 minutes d'arrêt... — Au pied de mur................ 181

En joue... Faux! Manœuvres et Machinations. — La Propagande par le Faux. — Aux Hommes de Gouvernement. — Une Imprudence. — Rappel au respect de l'Armée. — Si nous étions " dans les huiles ". — Spectacles édifiants. — Ne revisez pas 193

La grève des Juifs. En Grève............... 207

Drumont et Vacher. Consultation antisémite. — Comment vous-va? — Pour le Prince. — Logiquement. — La Cour des Miracles. — Drumont pour tout! — Vacher mystique. — Libres paroles. 219

Enfants martyrs. *Un Biribi pour les gosses*...	233
Au Biribi des Gosses. *Une Lettre*............	245
On détrousse au coin des Lois. *Elle n'est pas folle*...............................	255
Saluons-les................................	267
L'Honnête Ouvrier. *Les Puits qui parlent*.....	279
La dernière aux Anarchistes. *Désarmement.* — *Envoi*...............................	291

3036. — Imprimerie d'Ouvriers Sourds-Muets, 111ᵉ, rue d'Alesia, Paris

www.ingramcontent.com/pod-product-compliance
Lightning Source LLC
Chambersburg PA
CBHW071258160426
43196CB00009B/1343